国家治理现代化视阈中
加强党的执政能力建设研究

孙 岩 | 著

人民日报出版社
北 京

图书在版编目（CIP）数据

国家治理现代化视阈中加强党的执政能力建设研究 / 孙岩著. -- 北京 ：人民日报出版社，2022. 1
ISBN 978-7-5115-6992-9

Ⅰ. ①国… Ⅱ. ①孙… Ⅲ. ①中国共产党—执政—党的建设—研究 Ⅳ. ①D25

中国版本图书馆 CIP 数据核字（2021）第 264399 号

书　　名：**国家治理现代化视阈中加强党的执政能力建设研究**
GUOJIA ZHILI XIANDAIHUA SHIYU ZHONG JIAQIANG DANGDE ZHIZHENG NENGLI JIANSHE YANJIU
作　　者：孙　岩

出 版 人：刘华新
责任编辑：葛　倩
封面设计：中联华文

出版发行：人民日报出版社
社　　址：北京金台西路 2 号
邮政编码：100733
发行热线：（010）65369527　65369846　65369509　65369512
邮购热线：（010）65369530　65363527
编辑热线：（010）65363486
网　　址：www. peopledailypress. com
经　　销：新华书店
印　　刷：三河市华东印刷有限公司
法律顾问：北京科宇律师事务所　（010）83622312

开　　本：710mm×1000mm　1/16
字　　数：188 千字
印　　张：13
版次印次：2023 年 5 月第 1 版　　2023 年 5 月第 1 次印刷

书　　号：ISBN 978-7-5115-6992-9
定　　价：85. 00 元

摘 要

党的二十大报告明确指出："从现在起，中国共产党的中心任务就是团结带领全国各族人民全面建成社会主义现代化强国、实现第二个百年奋斗目标，以中国式现代化全面推进中华民族伟大复兴。"实现这一美好蓝图，内蕴着国家治理现代化和党的执政能力不断提升的新要求。本课题从理论层面回答了推进国家治理现代化与加强党的执政能力建设的相互关联性、内在统一性；从实践层面上指出了推进国家治理现代化特别是加强党的执政能力建设所面临的风险挑战，最终将落脚点放在了加强党的执政能力建设上。这不仅是在理论上对国家治理理论、执政党建设理论的进一步深化与拓展的需要，也是适应时代发展要求、推进国家治理现代化的实践需要。

具体来看，本书共分为五章。

第一章，前言。本章主要介绍课题的研究缘起、研究价值、国内外研究情况以及研究思路方法和创新之处等，从而使课题的研究建立在对学术前沿的密切追踪之上。

第二章，国家治理现代化与党的执政能力的基本理论。推进国家治理现代化、加强党的执政能力建设不仅是一个重大的现实问题，也是一个重大的理论问题。本章对国家治理现代化及党的执政能力所涉及的相关概念、理论进行了分析，力求从理论上清晰揭示两者的基本内涵及一般关系。

第三章，推进国家治理现代化是我们党长期面临的重大历史任务。中国共产党在推进中国发展的进程中，不断探索适合我国国情的国家治理模式，推进我国国家治理的现代化发展。本章从马克思主义框架和中国现实问题出发，以近代以来我国国家治理模式的现代性转型为起点，着重对新中国成立以来国家治理现代化的历史进程进行描述，从整体上展示出中国社会国家治理与党的执政能力之间的关系及其演进发展图式。

第四章，国家治理现代化视阈中党的执政能力建设的现状分析。我们党不仅在国家建立、发展过程中起着关键的作用，而且在推进国家治理现代化的进程中也始终处于核心领导地位，是实现国家治理现代化的根本保证，决定和彰显着国家治理现代化的水平和状态。本章对国家治理现代化视阈中党的执政能力建设的现状进行了分析，探讨了党的执政能力建设取得的成就和面临的风险挑战等问题。

第五章，国家治理现代化视阈中加强党的执政能力建设的实践路径。在我国，只有不断加强党的执政能力建设，才能在党的集中统一领导下，更好地推进国家治理现代化的历史进程。因此，必须做好以下几方面工作：第一，强化执政意识，提高党的意识形态统领能力；第二，从制度建设入手，加强党的制度建设及执行能力；第三，全面推进法治建设，加强党的依法执政能力；第四，贯彻新发展理念，加强党的推动社会高质量发展能力；第五，把握执政规律，增强党的有效整合人民利益诉求能力；第六，始终保持党的先进性，加强党的自身建设能力。

目 录
CONTENTS

第一章

前　言

一、课题缘起与研究价值

纵观人类历史发展，任何一个国家在自身建设和发展过程中，都始终面临着治国理政的重大课题。可以说，一个国家治理的成效如何，直接关系着统治者的统治地位和国家的长治久安。对于我们国家而言，国家治理现代化作为中国式现代化的崭新维度，不仅是新时代全面深化改革的总目标，也是中国共产党人践行初心使命的必然要求，彰显并考验着中国共产党的执政能力。

（一）课题缘起

众所周知，进入新时代以来，面对着纷繁复杂的国内外环境，我们党高瞻远瞩，提出了推进国家治理现代化的重大命题，并将其作为全面建设社会主义现代化国家的重要目标。实现这一目标，必须始终坚持党的领导，因为中国的现代化是在中国共产党领导下进行的，党是中国国家的当然领导者。因此，党的执政能力强弱直接影响和决定着中国的发展进程，影响和决定着我国国家治理现代化的成效。正是基于此，全面建设社会主义现代化国家，推进我国的现代国家建设就需要同时面对推进国家治理现代化与加强党的执政能力建设两大课题。尽管国家治理现代化与党的执政能力建设是两个维度的问题，但在我国特殊的政治母体下，国家治理现代化与中国共产党执政能力之间具有高度契合性和内在统一的逻辑关系，相互联系、密不可分，两者共同指向我国建设中国特色社会主义现代化强国这一涉及亿万民众的共同愿望。

当前，我国已经迈上以中国式现代化全面推进中华民族伟大复兴的新征程。在这一新征程上，我们党不仅要着力加强自身的执政能力，更要不断推进我国的国家治理走向现代化，这是我们党不能回避的历史任务。因此，深入剖析、正确把握中国特色社会主义发展衍生出的两个建设之间的内在逻辑关系，准确把握新时代新征程我国发展特征的基础上提出的重大命题，不仅是我们党治国理政思路发生重大变化的重要标志之一，也是我们在新时代新征程持续推进中国特色社会主义发展，以中国式现代化全面推进中华民族伟大复兴所必须面对、不容回避的重大课题。

（二）研究价值

新时代以来，我们党高度重视国家治理现代化问题，并将其视为全面建设社会主义现代化国家的重要目标之一。在这种时代要求下，本课题聚焦推进国家治理现代化和加强党的执政能力建设等两大问题进行研究，这既是适应时代发展要求的迫切需要，也是从理论上对国家治理理论、执政党建设理论进一步深化与拓展的需要。

本课题主要从中国现实和马克思主义、政治学基本理论出发，力求通过分析清晰地展示出我国国家治理现代化是与党的执政能力建设密切相关的，进而在此基础上对我们党的执政能力建设所取得的成就、面临的挑战以及推进国家治理现代化的实践路径等展开较为深入的探讨。这不仅在理论层面上有利于推动对中国共产党执政能力问题的研究，也在实践层面上有利于推动我国国家治理现代化的历史进程。具体来看：

一是系统梳理和凝练国家治理现代化和党的执政能力的相关文献资料，介绍该课题的研究缘起、研究价值、国内外研究情况以及研究思路方法和创新之处等，使本课题的研究建立在对学术前沿的密切追踪之上，进而使研究具有一定的理论前沿性。

二是从整体上呈现国家治理现代化和中国共产党的执政能力的关系演进发展图式，有助于人们更加深刻地把握推进国家治理现代化与加强党的执政能力建设之间的内在联系，更好地推进两者的协调发展，进而推动我国现代化进程。

三是多维度宽视阈审视国家治理和党的执政能力的相关领域和问题，努力对国家治理现代化和党的执政能力建设等方面进行思考，着力探索在国家治理现代化的背景下党加强执政能力建设的途径。

二、国内外相关问题的研究情况

我们知道，国家治理现代化属于国家建设层面，而党的执政能力属于执政党建设层面，尽管两者属于不同的范畴，具有不同的内涵和外延，但两者之间却具有内在的一致性。当前，学术界对于两者的研究成果数量很多、质量很高，是研究的热点问题。具体来看，国内外学者对本课题的研究状况如下。

（一）国内外学术界对本课题进行的整体性研究

“加强党的执政能力建设”是中国共产党基于自身，着眼未来提出的重大战略思想；“推进国家治理现代化”是我们党基于中国发展现实，着眼实现社会主义现代化提出的重大战略思想。两者都是我们党针对我国的现实情况，所提出的具有中国特色的话语体系。因而，国外学者对两者进行整体性研究的成果还基本处于空白。而国内学者单独对于国家治理、对于党的执政能力建设等问题的研究成果非常多。但从目前来看，能够将两者有机结合起来进行研究的成果还不十分多见，现有的成果也只是对于该课题做了初步探究，所达到的共识在于：推进国家治理现代化的研究离不开对加强党的执政能力建设的研究，同时，新时代研究党的执政能力建设也必然涉及对国家治理现代化方面的研究。因此，这一课题的研究有着很广阔的空间，因为这不仅是一个需要持续探究的宏大理论命题，也是值得长期跟踪的重大现实课题，需要进一步深入探索和研究。

（二）关于党的执政能力建设的研究

党的执政能力建设作为具有中国特色的话语和概念，是党的十六大首次提出的，并在党的十六届四中全会上进行了系统阐述。党的十九大对这一问题进行了丰富和拓展，明确提出了“加强党的长期执政能力建设”这一重大命题，体现了新时代的新要求。关于党的执政能力研究，从学术看，主要有两个方面：一方面，主要是以党的文献为基础，对党的文献中关于党的执政能力的表述进行了进一步的细化与分析，如党驾驭市场经济的能力具体有哪些，如何提高党驾驭市场经济的能力，等等。另一方面，则是从理论的角度对政党及其执政能力等问题进行研究。大体上可以分为以下几个方面：一是对加强党的执政能力建设的时代背景研究。对于这一点学者界的观点比较一致，主要从党内、党外、国际、国内的视角进行分析。二是对加强党的执政能力建设重大意义的研究。学者们普遍从社会主义事业的发展、中华民族前途命运、党的生死存亡以及国家的长治久安等角度进行分析。三是对党的执政能力的科学内涵的研究。大部分学者是从一般意义上进行的界定和研究，从总体上来看，这些界定和研究更多的是对党的十六届四中全会关于党的执政能力内涵的拓展、延伸和完善。四是对加强党的执政能力建设内容的研究。学者们对于这一方面的研究大多数没有拘泥于党的十六届四中全会提出的“五个方面的能力”①，而是在此基础上进行了进一步的丰富和拓展，比如提出了制度安排能力、推进国家治理现代化的能力等。五是对加强党的执政能力建设面临问题的研究。学者们对这一方面研究的视野也比较开阔，有的学者从宏观的视角出发，有的学者从基层党组织切入，也有的学者从领导体制入手，还有的学者从党员领导干部个人素质等方面进行分析。六是对如何加强党的执政能力建设的研究。大部分学者从宏观角度对这一问题进行探讨，如必须加快经济发展，必须能够有效处理公平与效率的关系，必须始终加强民主法治建设，等等。也有学者从微观上对这一问题进行了研究。比如，有学者就从制度建设角度、领导干部个人等角度进行研究。除此之外，还有部分学者从其他的视角对党

① “五个方面能力”，包括“驾驭社会主义市场经济的能力、发展社会主义民主政治的能力、建设社会主义先进文化的能力、构建社会主义和谐社会的能力、应对国际局势和处理国际事务的能力”。《中共中央关于加强党的执政能力建设的决定》，人民出版社，2004 年版，第 8 页。

的执政能力进行了探讨，比如从道德伦理、公共财政、利益关系、网络民意等角度对党的执政能力进行分析。

关于党的长期执政能力建设研究。从学界研究来看，主要表现为三个方面：一是关于党的长期执政能力建设的内涵。学者们普遍认为，新时代党的长期执政能力建设的提出是对马克思主义政党学说的发展，是对中国特色政党政治理论的丰富。有学者①指出：党的“长期执政能力”较之于“执政能力”绝非提法的简单变化，而是基于“新时代”的时代背景以及历史发展的客观必然，针对新情况新问题提出的新概念。有学者②认为，长期执政能力是政党着眼实现长期执政对自身执政能力的全方位提高，就是在执政能力中更加强化执政为民的价值追求，更加突出党的先进性建设的根本目标，更加注重取得为人民满意的执政业绩，更加坚持履行好执政的责任和使命。同时，学者们对于党的长期执政能力的内涵也进行了探讨，有学者③认为，提高政治能力是加强党的长期执政能力建设的应有之义。也有学者④认为，学习能力是党长期有效执政的核心要素；战略规划能力是党长期有效执政的重要支撑；组织能力建设是党长期有效执政的关键；制度创新能力建设是党长期有效

① 何淼：《新时代中国共产党长期执政能力建设问题探讨》，《山东青年政治学院学报》，2019 年第 1 期。

② 韩强：《论加强党的长期执政能力建设》，《理论学刊》，2020 年第 1 期。

③ 张霞、刘学军：《加强党的长期执政能力建设必须提高政治能力》，《中国党政干部论坛》2019 年第 9 期。

④ 唐皇凤：《新时代党的长期执政能力建设：理论依据与战略路径》，《治理研究》，2018 年第 3 期。

执政的根本方略；价值引领能力是党长期有效执政的基础性力量。

二是关于党的长期执政能力建设这一命题提出的意义。学者们普遍认为，党的长期执政能力的提出是我们党在新时代推进中国特色社会主义事业的现实需要，是保证我们党始终站在时代前列、立于历史潮头、引领未来方向、担当崇高使命、实现伟大梦想的必然要求，也是建设马克思主义先进政党的本质要求。有学者①认为，加强党的长期执政能力建设，是增强全面从严治党自觉性的客观需要，是化解长期执政风险的必然要求，是推进新的伟大工程的重要任务。也有学者②认为，加强党的长期执政能力建设是顺利推进社会主义现代化建设的必然要求，是中国共产党本质属性的集中体现，是新时代实现中国共产党历史使命的根本保障。还有学者③指出：党的长期执政能力建设是跳出“历史周期率”的必然选择，是应对新时代执政考验的必备本领，是新时代全面从严治党的根本要求，是实现“两个一百年”目标的必备本领。

三是关于加强党的长期执政能力建设的路径。学者们从不同角度提出了思考，普遍认为要在加强党的全面领导下推进各领域的建设。有学者④认为，必须坚持和加强党的全面领导，

① 钟宪章：《试论加强党的长期执政能力建设》，《党建研究》2018 第 3 期。

② 唐皇凤：《新时代党的长期执政能力建设：理论依据与战略路径》，《治理研究》，2018 年第 3 期。

③ 何 淼：《新时代中国共产党长期执政能力建设问题探讨》，《山东青年政治学院学报》，2019 年第 1 期。

④ 钟宪章：《试论加强党的长期执政能力建设》，《党建研究》2018 第 3 期。

不断巩固和加强党的领导核心地位；必须坚持党要管党、全面从严治党的指导方针，不断提高党的建设质量；必须按照新时代党的建设总体布局的要求，全面推进党的建设；必须全面提高党的领导水平和执政本领。也有学者①认为，要从五个方面加强党的长期执政能力建设：第一，加强和改善党的领导，全面提高党领导发展的能力和水平；第二，执政党勇于善于自我革命，切实推进全面从严治党；第三，加强基层组织建设，不断优化党的组织和制度体系；第四，改革和完善党的执政方式，以执政方式的现代化助推党的长期执政能力建设；第五，深化党和国家机构改革是新时代加强党的长期执政能力的战略突破口。还有学者②认为，新时代推进党的长期执政能力建设，必须坚持和发展党的全面领导；必须推动全面从严治党不断向纵深发展；必须发扬刀刃向内的自我革命精神；必须着力提高国家治理现代化水平；等等。

（三）关于国家治理现代化的研究③

党的十八届三中全会，特别是党的十九届四中全会以来，“国家治理现代化”成了学术界研究的重点和热点问题之一，

---

① 唐皇凤：《新时代党的长期执政能力建设：理论依据与战略路径》，《治理研究》，2018 年第 3 期。

② 齐卫平：《70 年党加强长期执政能力建设的理论成果》，《人民论坛》，2019 年 9 月下。

③ 孙岩、王瑶：《“国家治理体系和治理能力现代化”研究综述》，《党政论坛》，2017 年第 11 期。

学术界围绕这一命题进行了广泛深入的研究和激烈讨论。学者们从各自的研究领域出发，对国家治理体系与治理能力现代化的内涵界定、价值意义和实现路径等问题进行了深入探讨，取得了丰硕的成果，产生了一系列前沿性的研究成果。

1. 关于治理

总体来看，自20世纪90年代以来，整个学术界就已经将“治理”作为了一个热门话题进行研究和探讨。尽管目前学术界对治理的界定并未完全统一，但都基本赞成“治理”不同于“统治”“管理”，是一个与“统治”“管理”相对的概念和范畴。国内外学者对治理理论进行了深入的研究，形成了丰富的理论成果。在国外，罗西瑙、罗兹、斯托克等学者围绕治理的定义、类型、模式、特征等对治理进行了系统的研究。关于治理的含义，目前学术界还没有形成一致的意见，但在以下几个方面已经基本达成了共识。一是治理没有权威主体。无论是政府部门还是其他非政府部门都很难可能成为真正的权威，两者之间的界限变得比较模糊；二是治理主体多元，政党、政府、社会组织、公民等都能够成为治理的主体；三是治理方式多样。治理的关键不是单纯依靠政权强力与控制，而是各行动者的自主治理以及相互之间的合作与共识。关于治理的类型，西方学者研究的类型主要有两种：以国家为中心的治理理论和以社会为中心的治理理论。而在国内，俞可平、张康之等一大批学者在研究西方治理理论本土化的同时，也提出了适合我国国情的治理理论。最早由俞可平提出的善治理论对我国国家治理理论的研究和实践探索都产生了较大影响，他强调理想的治理状态应该由政府善政和公众参与两个部分组成。其中善政是善治的前提，公众参与是从善政走向善治的关键。

2. 概念与内涵：国家治理体系与治理能力现代化的理论界定

当前学术界对于这一问题的研究日益彰显，同时，学术界对于国家治理体系与治理能力现代化等内涵进行了较为充分的分析和阐释，取得了丰硕的成果。

（1）关于国家治理体系与国家治理体系现代化

对于国家治理体系的概念，学术界主要存在两种观点。一是"制度论"，把国家治理体系定义为制度体系。持这一看法的学者认为国家治理体系是规范社会权力运行和维护公共秩序的一系列制度和程序，它涵盖了规范行政行为、市场行为和社会行为的一系列制度和程序。可以说，国家治理体系是一个包括行政体制、经济体制和社会体制等三个方面的制度体系。[①]也有学者认为这一制度体系包括经济、政治、文化、社会、生态文明和党的建设的各领域体制机制、法律法规安排。[②]二是"系统论"，也就是把整个国家治理体系界定为一个综合的系统。持这一观点的学者认为国家治理体系是一个由多种要素所构成的、完整的系统。

---

① 俞可平：《推进国家治理体系和治理能力现代化》，《前线》，2014 年第 1 期。
② 莫纪宏：《国家治理体系和治理能力现代化与法治化》，《法学杂志》，2014 年第 4 期。

对于这一阐述，学者们有以下几种解释：国家治理体系是一个以目标体系为追求，以制度体系为支撑，以价值体系为基础的结构性功能系统；[①] 是社会利益关系、政治权力关系和公民权利关系相互联系、整体构成的有机系统；[②] 是由治理主体、治理客体、治理目标、治理方式等要素构成的完整系统，[③] 由政治权力系统、社会组织系统、市场经济系统、宪法法律系统、思想文化系统等构成的有机整体，包括治理理念、治理制度、治理组织和治理方式四个层次。[④]

对于国家治理体系现代化的研究，学者们也有着不同的观点。有学者认为，国家治理体系现代化是指立足于现代社会条件，国家治理体系适应社会经济政治文化等各领域现代变革的本质要求而对自身所进行的现代化，包括国家治理主体的现代化、治理客体的现代化、治理目标的现代化、治理方式的现代化。[⑤] 郑言、李猛立足于国家治理体系的内涵本质对国家治理体系现代化进行了深入解读：首先，国家治理是体系化的公共管理和政治建设，国家治理体系现代化意味着各领域各层次的管理与建设都需要革弊立新，创新治理方式；其次，国家治理体系现代化要求各领域、各方式、各过程的国家治理要相互配合、相互补充、相互促进；最后，国家治理体系现代化既包括

① 何增科：《理解国家治理及其现代化》，《马克思主义与现实》，2014 年第 1 期。

② 王浦劬：《全面准确深入把握全面深化改革的总目标》，《中国高校社会科学》，2014 年第 1 期。

③ 丁志刚：《如何理解国家治理与国家治理体系》，《学术界》，2014 年第 2 期。

④ 许耀桐、刘祺：《当代中国国家治理体系分析》，《理论探索》，2014 年第 1 期。

⑤ 丁志刚：《如何理解国家治理与国家治理体系》，《学术界》，2014 年第 2 期。

国家与市场、社会关系的处理，也包括国家间问题的解决；既充分利用国家与政府现有的制度资源，又积极吸纳市场与社会带来的新机制与新手段；既保障国家治理活动的灵活性与适应性，又保障国家治理活动的可持续性。[①] 俞可平认为，衡量国家治理体系现代化的标准至少应包括：公共权力运行制度化和规范化，公共治理过程民主化、公共治理法治化，行政效率和经济效益提升，制度安排协调化。[②]

（2）关于国家治理能力与国家治理能力现代化

学术界对于国家治理能力的概念界定比较一致和统一，研究也较为成熟和深入，普遍认为它是对于国家治理体系的执行能力，也就是运用国家制度管理政治、军事、文化、经济、社会、生态等各方面、各领域事务的能力，涵盖行使公共权力、制定公共政策、分配社会资源、维护社会稳定等各个方面的能力[③]，是一个国家制度创新与战略管理、政策制定与执行、社会治理与秩序维护等各方面能力的整体体现[④]，包括意志力、执行力、凝聚力、发展力、创新力、变通力、沟通力、协调力、纠错力等。[⑤] 薛澜教授将其概括为资源动员能力、资源配

---

① 郑言、李猛：《推进国家治理体系与国家治理能力现代化》，《吉林大学社会科学学报》，2014 年第 2 期。

② 俞可平：《衡量国家治理体系现代化的基本标准》，《南京日报》，2013 年 12 月 10 日。

③ 许耀桐、刘祺：《当代中国国家治理体系分析》，《理论探索》，2014 年第 1 期。

④ 李抒望：《正确认识和把握国家治理现代化》，《学习论坛》，2014 年第 2 期。

⑤ 丁志刚：《如何理解国家治理与国家治理体系》，《学术界》，2014 年第 2 期。

置能力和资源有效使用的能力。[①]

在此基础上，学者们从不同的角度对国家治理能力现代化进行了解读。从国家治理能力的构成角度入手，田芝健认为，国家治理能力现代化意味着运用国家制度管理社会事务、全面深化改革、推进科学发展、维护社会稳定和谐、独立自主地开展内政外交、维护国防安全、有效治党治国治军等各方面能力的稳步提升[②]；从国家治理能力形成角度出发，方涛指出，国家治理能力现代化，就是要加强治理能力建设，促进国家治理制度化、法治化，把制度体系的完善转化为管理国家的效能，提高党的执政能力；[③] 从国家治理能力的动态发展角度着眼，郑言、李猛认为，国家治理能力现代化意味着对将来国家治理过程中出现的新型社会问题的预见与管控能力，以及为应对新型问题而不断衍生出新的国家治理体制机制的能力。[④] 从国家治理现代化的特征入手，张长东认为，现代化的国家治理能力至少具有以下四个特征：一是各方面能力强大；二是国家、市场和社会协同共治；三是能力的多元化与协调化；四是建立在

① 薛澜：《顶层设计与泥泞前行：中国国家治理现代化之路》，《公共管理学报》，2014 年第 4 期。

② 田芝健：《国家治理体系和治理能力现代化的价值及其实现》，《毛泽东邓小平理论研究》，2014 年第 1 期。

③ 方涛：《国家治理体系和治理能力现代化的五维审视》，《求实》，2014 年第 9 期。

④ 郑言、李猛：《推进国家治理体系与国家治理能力现代化》，《吉林大学社会科学学报》，2014 年第 2 期。

制度化和法治化的基础上。[①]

与国家治理能力内涵的认识相对一致相比，学术界对于在如何理解中国语境下的治理能力、如何认识治理能力的特征、如何建构国家治理能力、如何推动国家治理现代化等方面还需要进一步研究。

(3) 关于国家治理体系现代化与治理能力现代化的关系

对于国家治理体系现代化与治理能力现代化两者之间的关系，学者们的表达方式虽然存在差异，但是基本观点高度一致，都认为两者是相辅相成的有机整体。学者俞可平就指出，国家治理体系和治理能力相辅相成，二者是辩证统一的整体。国家治理体系的现代化，是有效提升国家治理能力的重要基础；国家治理能力现代化，则是充分发挥国家治理体系效能的必要保障。[②] 学者魏晓文立足于历史与现实、本土与国际、理论与实践等多重维度，在分析国家治理体系和治理能力在相互促进过程中存在矛盾与问题的基础上，探讨两者良性互动的实现路径。他指出，要实现国家治理体系和治理能力现代化的良性互动，必须将国家治理体系的价值诉求寓于治理能力的有效性之中，通过国家治理体系的价值诉求引领和提升治理能力，用国家治理能力的有效性来彰显价值诉求；要立足中国国情，推动实现国家治理体系主体、结构和功能的合理定位，使得不

---

① 张长东：《国家治理能力现代化研究——基于国家能力理论视角》，《法学评论》，2014 年第 3 期。

② 俞可平：《推进国家治理体系和治理能力现代化》，《前线》，2014 年第 1 期。

同治理主体及其功能各得其所又相得益彰，从而形成具有中国特色并彰显其独特优势的力量格局，衍生出独具特色的治理能力；在当代中国国家治理实践中传承中国优秀传统文化、发展马克思主义理论、借鉴与创新西方治理资源，从而为我国的国家治理现代化提供坚实的文化基础。①

3. 价值与意义：国家治理体系与治理能力现代化的功能分析

国家治理体系与治理能力现代化的价值与意义，是现今研究治理现代化必须回答的问题，也是我们坚定地推进国家治理体系与治理能力现代化的思想前提。有学者认为，国家治理现代化概念的提出和在实践中的实际推进标志着中国特色社会主义进入一个新的发展阶段②。具体来看，学者们主要是从以下视角对国家治理体系与治理能力现代化的功能进行分析。

（1）基于世界政治意义的视角：国家治理体系与治理能力现代化理念的提出有利于增强我国世界政治话语权，提高我国“软实力”。杨光斌提出，一个世界性大国需要拥有自己的话语权，否则该国将在争夺主导权的世界政治中处于守势。国家治

① 魏晓文：《论国家治理体系现代化与治理能力现代化的相互促进》，《政治学研究》，2014 年第 2 期。

② 包心鉴认为，国家治理现代化的明确提出和实际推进标志着我国的改革正在由社会生产力、生产关系重点领域向社会关系、政治关系等全面领域深化；标志着我国的发展正在由经济生态、社会生态的协调平衡向政治生态的协调平衡深化；标志着我们党正在由完善党的领导制度向深化党的建设制度改革深化。参见包心鉴《国家治理现代化与中国特色社会主义新发展》，《中共福建省委党校学报》，2015 年第 2 期。

理体系与治理能力现代化这一概念的提出，与西方提倡的“自由民主”对话，不仅使国际社会更容易理解中国，也向世界展现了中国发展的独特优势。① 郑言、李猛持相似观点，认为当前国家间的竞争内容，已从国家硬实力的比拼转为软实力的较量，而制度优势是软实力较量的核心。国家治理体系与治理能力现代化的提出不仅冲破了西方国家在价值阐释上的话语霸权，也在实践中不断彰显中国特色社会治理体系的独特魅力。②

（2）基于社会主义现代化建设视角：国家治理体系与治理能力现代化的提出，丰富了我国社会主义现代化理论体系，是国家软实力建设的战略举措，也是配合工业、农业、国防和科学技术现代化协调推进的重要步骤，有利于我国社会主义现代化健康持续推进。莫纪宏提出，国家治理体系和治理能力的现代化作为“第五个现代化”是对我国现代化理论体系的完善和发展，与“四个现代化”相互配合，互相促进，为实现我国社会主义总体现代化的目标提供了制度条件的保障。③ 许耀桐认为，工业现代化、农业现代化、国防现代化与科学技术现代化是从生产力和经济基础层面来探索现代化，而国家治理体系与治理能力现代化作为“第五个现代化”属于总体现代化的更高层次，这一理念的提出遵循了历史唯物主义的客观规律，完善

---

① 杨光斌：《“国家治理体系和治理能力现代化”的世界政治意义》，《政治学研究》，2014 年第 2 期。

② 郑言、李猛：《推进国家治理体系与国家治理能力现代化》，《吉林大学社会科学学报》，2014 年第 2 期。

③ 莫纪宏：《国家治理体系和治理能力现代化与法治化》，《法学杂志》，2014 年第 2 期。

了我国社会主义现代化的结构体系。①

（3）基于社会有效治理的视角：李汉卿认为“国家治理概念反映的是国家与社会的互动与合作关系。这就打破了传统上的国家中心论或社会中心论”②。对此，学者江必新也指出当代中国正处于一个开放多元的时代，社会急剧变迁，机遇与挑战共存，社会意识形态日趋多元，各种利益复杂纠结，社会不公平现象引人关注，生态环境有待改善。对于这些难题，需要通过全面深入的改革实现国家治理体系和治理能力的现代化。③张凤阳持相似观点，他认为随着社会改革的深化，当今中国出现了前所未见的公共问题，而国家治理体系与治理能力现代化的核心目标即为通过体制机制创新，使国家治理体系不断适应社会公共问题治理的新要求，使国家有能力处理社会变革与发展带来的新问题。④金太军也从国家治理下的社会组织这一视角对该问题进行了分析。⑤

4. 路径与举措：国家治理体系与治理能力现代化的推进方法

国家治理体系与治理能力现代化不仅是一个历史进程，也

---

① 许耀桐：《国家治理现代化的若干认识》，《民主与科学》，2014年第2期。

② 李汉卿：《国家治理现代化：中国共产党执政的逻辑转变与战略选择》，《理论月刊》，2016年第1期。

③ 江必新：《国家治理现代化基本问题研究》，《中南大学学报》（社会科学版），2014年第3期。

④ 张凤阳：《科学认识国家治理现代化问题的几点方法论思考》，《政治学研究》，2014年第2期。

⑤ 金太军：《国家治理视域下的社会组织发展：一个分析框架》，《学海》，2016年第1期。

是一个系统工程。在如何实现国家治理体系与治理能力的探讨中，学者们集思广益，从不同视角阐释自己的思考与构想。

（1）顶层设计视角。国家治理体系与治理能力现代化作为一个系统工程，包括政治、经济、社会、文化、生态文明等各个领域，必须统筹规划，从战略角度规划各领域的改革方案。实现国家治理体系与治理能力必须加强顶层制度与宏观指导已经成为学者的共识。俞可平提出，国家的治理体系是一个制度系统，涉及各领域各方面，需要加强顶层设计，从中央宏观层面加强对治理体制改革总体把控，克服碎片化、短视行为、政出多门以及部门主义和地方主义。① 高小平也持类似观点，他认为要坚持顶层设计，创新治理制度。顶层设计就是摒弃我国传统“刺激—反应”式改革，坚持改革的系统性、整体性、协同性。② 对于加强顶层设计的具体操作，许耀桐从完善国家治理的体制、机制方面给出建议，他认为应该立足“国家—社会—市场”的三分结构，形成多元共治格局。体制方面，理顺各级政府以及政府各部门之间的权责关系，构建分工明确、权责匹配的行政架构；充分发挥市场在资源配置中的决定性作用，完善我国社会主义市场经济体制；发展社会组织，为公民参与治理搭建平台。机制方面，完善协作机制，加强各治理主体的参与、沟通、协商、合作；健全信任机制，形成社会的互

① 俞可平：《推进国家治理体系和治理能力现代化》，《前线》，2014 年第 1 期。

② 高小平：《国家治理体系与治理能力现代化的实现路径》，《中国行政管理》，2014 年第 1 期。

惠规范。健全责任机制，明确各治理主体的权责配置；完善监督机制，促进权力制约机制的科学有效。强化信息交流机制使国家治理更加透明规范。①

（2）制度建设视角。习近平总书记指出，“推进国家治理体系和治理能力现代化，就是要适应时代要求，既改革不适应实践发展要求的体制机制、法律法规，又不断构建新的体制机制、法律法规，使各方面制度更加科学、更加完善，实现党、国家、社会各项事务治理制度化、规范化、程序化”②。实际上，学者们也普遍认为建立一套更加成熟、规范、完备、稳定的制度体系是实现国家治理体系与治理能力现代化的必然要求。包心鉴通过分析制度不断完善与发展的客观规律，提出我国在全面深化改革时期必须进行制度建设，实现制度现代化。③认为推进国家治理现代化的实质是实现制度现代化，要把推进国家治理现代化同夺取中国特色社会主义新胜利、实现中国特色社会主义新发展有机地结合起来。④ 对于如何完善和发展我国的制度体系，学者们主要围绕制度建设的价值取向、内容、结构、过程等方面展开讨论。张贤明提出应该通过完善和发展制度，使制度体系更加符合广大人民的根本利益，以提升制度

---

① 许耀桐、刘祺：《当代中国国家治理体系分析》，《理论探索》，2014 年第 1 期。

② 习近平：《切实把思想统一到党的十八届三中全会精神上来》，《求是》，2014 年第 1 期。

③ 包心鉴：《以制度现代化推进国家治理现代化》，《中共福建省委党校学报》，2014 年第 1 期。

④ 包心鉴：《国家治理现代化与中国特色社会主义新发展》，《中共福建省委党校学报》，2015 年第 2 期。

体系的认同度和整合力，增强制度的执行力；需要对制度体系的内部结构进一步优化、增强制度结构的科学性与运行效能，充分发挥制度的统领作用，保障制度的整体性、系统性、协调性；通过增强制度自信凝聚共识，坚持发展中国特色社会主义制度体系；坚持稳步推进国家治理体系改革，通过渐进式的改革逐步实现体制的根本性转化与完善；根据时代要求与社会变化及时创新体制机制。保证制度体系与时俱进。[①] 赵宇峰、林尚立等也认为国家治理现代化必须要充分发挥中国特色社会主义制度的特点和优势，遵循中国特色社会主义制度的内在逻辑，进一步巩固和完善中国特色社会主义制度。[②]

（3）法治建设视角。党的十八届四中全会通过的《中共中央关于全面推进依法治国若干重大问题的决定》明确提出依法治国是实现国家治理体系和治理能力现代化的必然要求。国家治理体系与治理能力的现代化有赖于各领域的法治化，这一观点得到学术界的广泛认可。学者燕继荣认为，依法治国为中国发展规定了方向，是国家治理现代化的重要步骤[③]。学者莫纪宏认为，法治化是判断国家治理现代化的基本标准[④]。常保国也持相似观点，认为推动国家治理体系与治理能力现代化离不

---

① 张贤明：《以完善和发展制度推进国家治理体系和治理能力现代化》，《政治学研究》，2014 年第 2 期。

② 赵宇峰、林尚立：《国家制度与国家治理：中国的逻辑》，《中国行政管理》，2015 年第 5 期。

③ 燕继荣：《国家建设与国家治理》，《北京行政学院学报》，2015 年第 1 期。

④ 莫纪宏：《论“国家治理体系和治理能力现代化”的“法治精神”》，《新疆师范大学学报》（哲学社会科学版），2014 年第 3 期。

开法治的保障。① 辛向阳指出国家的治理体系必须以法律体系为基础，现代化的治理体系一定是充分体现法治理念、法律制度完备的治理体系。为此他提出首先应该树立国家治理的宪法理念，严格按照宪法要求推进国家治理体系建设；其次，应完善具有中国特色的法律体系；最后，在全社会培养法治文化，为推进国家治理体系打下坚实的法治基础。② 李抒望首先分析了国家治理体系与治理能力现代化过程中法治建设的重要性，在此基础上提出，应该借助法治可预期性、可操作性、可救济性的特点凝聚共识，努力形成在法治轨道上推动各项工作的新常态；通过培育领导干部的法治思维与法治方式，提升其深化改革、科学治理的能力；建立科学的权力运行体系，加强预防和惩治腐败体系建设，加强作风建设，构建廉洁政治；维护宪法和法律权威，深化司法体制改革，加快建成公正、高效、权威的司法制度，健全司法权力运行机制，完善人权司法保障制度，保证人民依法享有广泛的权利和自由。③

（4）执政党建设视角。学者们普遍认为中国共产党是中国特色社会主义制度的核心，也是把握正确的政治方向、实现国家治理体系和治理能力现代化的根本保证。刘朋认为，中国政

① 常保国：《法治建设与国家治理体系和治理能力现代化》，《政治学研究》，2014年第2期。

② 辛向阳：《推进国家治理体系和治理能力现代化的三大路径》，《江西社会科学》，2014年第2期。

③ 李抒望：《正确认识和把握国家治理现代化》，《学习论坛》，2014年第2期。

党政治是国家治理体系的重要组成部分。① 李汉卿认为，国家治理体系的建构反映了中国共产党执政方式的根本性变革。②魏晓文在把握中国共产党的性质、宗旨和地位以及我国的国家性质、政权组织形式等因素的基础上指出，党和国家在权力、利益、职能等方面具有高度一致性，党和国家更加注重整体和长远利益，更加注重利益的协调与整合，在他看来这是中国特色社会主义优越性赋予国家治理体系和治理能力的独特优势。③李锡炎认为，在国家治理体系和治理能力现代化的进程中必须加强党的建设，他进一步分析了提出加强党的建设需要以提高党的执政能力为重点，不断提高党员干部的思想政治素质、科学文化素质和业务水平，提高党和国家机关的工作效能，为推进国家治理体系和治理能力现代化提供坚强保障。④

学者们还从不同角度，如培育和规范社会组织的发展，健全民众的利益表达机制和政治参与机制，推动网络治理等方面对于我们如何推进国家治理现代化进行了分析探讨，提出了建议。

---

① 刘朋：《国家治理现代化视域下的中国政党政治走向》，《广东行政学院学报》，2016 年第 1 期。

② 李汉卿：《国家治理现代化：中国共产党执政的逻辑转变与战略选择》，《理论月刊》，2016 年第 1 期。

③ 魏晓文：《论国家治理体系现代化与治理能力现代化的相互促进》，《政治学研究》，2014 年第 2 期。

④ 李锡炎：《党的独特优势与国家治理体系和治理能力现代化》，《长白学刊》，2014 年第 4 期。

5. 不足与展望：国家治理体系与治理能力现代化研究的推进理路

通过相关文献的梳理，可以看出目前该领域的研究取得了一系列有价值的理论成果，为推动我国国家治理体系与治理能力现代化提供了理论支撑。但在文献分析中也可以发现，目前的相关研究仍存在一些不足，相关理论研究还需要一个不断深入的过程。

（1）偏重宏观把握，微观研究略显不足。国家治理体系与治理能力的现代化是治理各领域、各层次的现代化，需要将微观层面与宏观层面结合把握。通过分析文献，大多数学者对于国家治理体系与治理能力现代化的研究偏重于制度、结构等宏观方面把握，主要从国家层面来探讨治理体系与治理能力现代化建设，力图构建大国治理视阈下的治理体系框架。但是对于微观层面的治理模式构建仍存在缺失，如社区治理、网络治理、企业治理等方面的研究还有待进一步加强。

（2）偏重规范研究，实证研究略显不足。目前大多数学者主要通过理论探讨来研究国家治理体系与治理能力现代化的内涵、构成要素、价值意义以及实现路径，注重运用理论演绎法，即通过理论分析来得出结论，研究不断深入与细化；同时，也应清醒地看到，国家治理体系与治理能力现代化研究中缺乏必要的数据支撑以及样本分析，实证研究不足。但从现实因素考量，为提高国家治理体系与治理能力现代化研究的科学性，需要建立在实证研究或定量研究的基础上，将研究进一步深化。

（3）偏重单学科研究，多学科交叉研究略显不足。当前，学术界对于国家治理体系与治理能力现代化问题的研究主要集中于政治学和法学领域，从其他学科视角出发开展研究的成果较少。然而国家治理体系与治理能力现代化问题不仅涉及政治制度问题和法治问题，还包括经济、文化、生态文明等多重领域。更为重要的是，基于多视角分析，往往更易激发创新思维，产出具有创新性和实践价值的学术成果。因此，可从多学科的视角来审视和研究国家治理体系与治理能力现代化。

（4）偏重现实性研究，对深层次理论问题研究略显不足。当前，学术界对于国家治理体系和治理能力现代化问题的研究，更多的是集中在对党和政府文件的进一步解读式研究，研究重点也主要关注于当前中国的现实治理困境。但对治理理论本身、国外的治理现状分析以及马克思主义经典作家国家治理思想等方面的研究还显得偏少。

三、研究思路方法与创新之处

（一）研究思路方法

本课题主要从系统论的视角将推进国家治理现代化、加强党的执政能力建设看作共生共存于中国特色社会主义现代化进程之中的相互影响又相互联系、密不可分的两个重要因素，并从两者的互动关系入手，紧扣推进国家治理现代化这一时代背景，围绕党的执政能力建设这个决定性因素，主要对我国在加强党的执政能力建设进程中所存在不足、所面临的问题及挑战等进行分析，在此背景下探讨党的执政能力建设的理论框架、主要内容和实践路径等。需要说明的是：我国的国家治理是一脉相承的，并不是割裂的。因此，本课题涉及的国家治理概念是包含着国家管理、国家统治等在内的综合概念，涵括了我国从古至今的治国理政行为。

1. 基本思路

在研究思路上主要分四个步骤相继展开。

第一，厘清国家治理、党的执政能力的理论渊源等基本问题，建立起较为周详的分析框架，并在此基础上深刻阐释了推进国家治理现代化与加强党的执政能力建设的内在契合关系，从而为我们后续重点分析研究党的执政能力建设提供理论基础。

第二，阐明推进国家治理现代化是我们党长期面临的重大历史任务。众所周知，中国共产党在长期推进我国社会发展的历史进程中，不断思考和探索着适合我国国情的国家治理模式，推进我国国家治理不断朝着现代化发展。事实上，在这个过程中，我们党也经历了曲折，反复探索，才逐步对国家治理的认识变得更为深刻和清楚。本课题以近代以来我国国家治理模式的现代性转型为起点，从历史演进脉络整体上展示出中国社会国家治理与党的执政能力之间的关系及其演进发展图式，为课题后续研究提供了深厚的历史视野。

第三，立足国家治理现代化背景，全面分析了我们党执政能力建设的现状。一方面，随着全面深化改革的纵深推进，我国政治体系的方方面面都得到了进一步完善，党的执政能力建设取得了一定成就；另一方面，从国家治理现代化角度论述党的执政能力所面临的风险挑战。

第四，在前文理论与现实分析的基础上，构建起加强党的执政能力建设可能的实践路径，力求为现实政治生活中党的执政能力建设提供理论参考和现实指引。

2. 具体研究方法

（1）充分运用理论联系实际的方法。理论联系实际是马克思主义一以贯之的最基本方法，也是马克思主义生生不息、具有旺盛生命力的源泉所在。推进国家治理现代化与加强党的执政能力建设研究，既不是一个纯理论性问题，也不是一个纯实践性问题，而是一个理论与实践相结合的重大问题。因此，一方面，本课题在行文上，既有深刻的理论分析与阐述，又有实事求是地对我国国家治理的历史演进、党的执政能力建设所面临的风险挑战等现实问题的客观描述，突出理论视野和实践观照；另一方面，本课题在研究过程中，既对国家治理现代化、党的执政能力建设等从学理层面进行阐述，又与党中央对中国未来发展的战略部署紧密结合起来，密切关注党的执政能力建设和国家治理能力现代化问题的最近动态和发展趋势，并在此基础上提出加强党的执政能力建设的路径选择。

（2）充分运用历史分析法。历史分析法，就是遵循历史的规律，把握历史现象的基本线索和内在联系，从而揭示历史发展的必然性。本课题从中国社会发展的历史脉络和变迁演进过程入手，对我国古代，特别是近代以来在国家治理现代化探索方面的基本脉络进行了勾勒，并重点对新中国成立以来的国家治理历史演进进行了分析，从而使研究具备一定的历史厚度。

（3）充分运用逻辑推理法。逻辑推理法是以理论思维的形式，从最基本的关系出发，从中揭示出一切矛盾的萌芽，把握事物发生发展的规律。本课题从国家治理现代化与党的执政能力的基本概念、基本理论出发，较为详细地阐述了推进国家治理现代化及加强党的执政能力二者的联系，突出对理论争鸣、实践困惑和时代问题的解答。

（二）创新之处

1. 本课题从马克思主义框架和中国现实问题出发，着重对新中国成立以来推进国家治理现代化的历史进程进行描述，力求从整体上展示出中国社会国家治理与党的执政能力之间的关系及其演进发展图式，从而在理论上为学术界对于国家治理现代化及加强党的执政能力建设的研究提供一定的借鉴。

2. 本课题基于对国家治理现代化的研究，把握推进国家治理现代化的关键在于加强党的执政能力建设，进而探索总结中国共产党在推进国家治理现代化过程中党的执政能力所面临的压力、挑战及加强党的执政能力建设的实践路径等。这不仅有利于推动理论层面上对中国共产党执政能力问题的研究，在实践层面上也有利于推动当前我国国家治理现代化和中华民族伟大复兴中国梦的实现。

（三）存在的不足

本课题存在的主要不足：一是对推进国家治理现代化与加强党的执政能力建设的辩证统一关系的阐述还不够充分深入。二是对当前全面建设社会主义现代化国家新征程中如何加快推进国家治理体系和治理能力现代化，如何加强党的执政能力建设的把握还需进行更为深入的研究。

第二章

国家治理现代化与党的执政能力的基本理论

新时代新征程，推进国家治理现代化与加强党的执政能力建设不仅是对国家治理理论、党的建设理论的拓展和深化，更是对现实的回应。而科学认识和准确把握两者关系离不开对基本理论的理解和研究。

一、国家治理现代化的基本理论

推进国家治理现代化并不仅仅是一个重大的现实问题，同时也是一个重大的理论问题。只有准确理解把握国家治理现代化的基本理论，才能更好地推进国家治理现代化的进程。

（一）马克思主义国家学说视阈下的国家治理

“国家治理现代化”是一个全新的理念和追求，是我们党根据时代发展要求和社会发展规律提出的新认识，做出的新判断，也是马克思主义国家学说与我国实践相结合的产物，展现出的是我们党对于现代化的不懈追求。我们知道，马克思主义经典作家并没有对国家治理进行专门论述，但是其理论体系中包含着鲜明的国家治理的立场、观念和方法，蕴含着深刻的国家治理的理念和思想。

1. 马克思主义认为，社会生产力的发展是国家及其治理活动的决定性因素。按照唯物史观的基本原理，国家及其治理活动是以生产力的发展作为初始出发点的，国家治理的阶段、制度、实施方式等都离不开生产力发展的要求。我们知道，“生产力是由生产工具为主的生产资料与生产者共同构成的，体现着人与自然的关系，标志着人类认识自然、开发自然、利用自然和保护自然的能力”①。其中，人是生产力的构成中最活跃的要素，而生产工具则凝聚着人类的智慧，物化着人类文明。作为人类社会认识和开发自然的标尺，生产工具是国家治理的物质基础，体现着社会生产和经济发展水平，影响着人类社会的国家治理的形态和方式，标志着人类社会和国家治理发展的不同阶段。因此，根据马克思主义的基本原理，国家治理的发展，最根本的动力在于生产力的发展，不同的生产力发展水平决定着不同形式的国家治理模式。这是我们认识和推进国家治理现代化的基础。

① 王浦劬：《国家治理现代化：理论与策论》，人民出版社，2016年版，第9页。

2. 马克思主义认为，国家属于社会的上层建筑，它决定于人们的经济关系，并且在特定条件下，对于经济基础产生反作用。认识国家问题就必须从经济基础和上层建筑的结构中去理解，认识国家治理问题也是如此。在《德意志意识形态》中，马克思、恩格斯就明确指出："社会结构和国家总是从一定的个人的生活过程中产生的"①，"那些决不依个人'意志'为转移的个人的物质生活，即他们的相互制约的生产方式和交往方式，是国家的现实基础。"② 这实际就说明国家治理体系的形成、国家治理能力的实现，都离不开物质基础，离不开社会的生产方式和经济生活方式，这是前提和基础。

3. 马克思主义认为，国家具有鲜明的阶级性。"国家是统治阶级的各个人借以实现其共同利益的形式。"③ "国家是文明社会的概括，它在一切典型的时期毫无例外地都是统治阶级的国家，并且在一切场合在本质上都是镇压被压迫被剥削阶级的机器。"④ 因此，"国家总的说来还只是以集中的形式反映了支配着生产的阶级的经济需要"⑤。正是因为国家具有的这种阶级性，因而国家治理本质上也就是统治阶级进行治国理政的活动。所以，我们在研究和认识国家治理现代化这一问题时，必须要自觉地运用阶级学说去分析解释国家的本质、功能等一系

---

① 《马克思恩格斯文集》(第 1 卷)，人民出版社，2009 年版，第 524 页。
② 《马克思恩格斯全集》(第 3 卷)，人民出版社，1960 年版，第 377 页。
③ 《马克思恩格斯文集》(第 1 卷)，人民出版社，2009 年版，第 584 页。
④ 《马克思恩格斯文集》(第 4 卷)，人民出版社，2009 年版，第 195 页。
⑤ 《马克思恩格斯选集》(第 4 卷)，人民出版社，1995 年版，第 252 页。

列问题，从而更好地把握统治阶级及社会中各阶级力量的构成状况、基本特性、国家治理要求和实际主张等。

4. 马克思主义认为，无论是在国家产生还是在国家发展的各个历史阶段，国家不仅承担着政治统治的职能，也承担着社会治理的重要职能。我们知道，国家虽然本质上是阶级统治的工具，但始终承担着对社会的共同事务进行有效治理的职能。可以说，这是任何一个国家能够存在、得以延续和发展进步的基本，“政治统治到处都是以执行某种社会职能为基础，而且政治统治只有在它执行了它的这种社会职能时才能持续下去”①。而且，随着时代的发展进步，当统治阶级的统治地位巩固之后，国家的社会治理功能就将逐步扩大。因此，从国家治理的角度来看，国家治理既包括对敌对阶级和势力的专政，也包括对统治阶级利益的维护，同时需要有效地承担起社会的基本职能，这是任何国家治理的基本要求。但是需要明确的是，国家之所以会表现出这种公共性的国家治理特点，根本的目的仍然是为了维护统治阶级的利益，赢得社会民众的认可和支持。

5. 马克思主义认为，无产阶级的国家治理离不开无产阶级政党。我们知道，马克思、恩格斯认为，资本主义社会尽管在人类历史上创造出了丰富的财富，但无法摆脱自身的弊端和始终存在的掠夺的本性、赤裸裸的金钱至上以及“人的异化”等

① 《马克思恩格斯选集》（第3卷），人民出版社，1995年版，第523页。

问题，存在着生产社会化与资本主义私人占有之间的基本矛盾。因此，只有通过无产阶级自觉的革命行动才能改变其固有的弊端，推动社会形态实现历史性的更迭。而无产阶级要想实现这一点就必须在无产阶级政党的领导下进行革命和建设。因为无产阶级政党是进行宣传、组织和动员、领导无产阶级，领导工人运动的核心力量，同时也是无产阶级国家治理的核心。尽管在马克思、恩格斯生活的那个年代，无产阶级的政党并没有能够建立起由无产阶级统治的国家，没有能够真正地执掌政权、治理国家。但在马克思、恩格斯的思想中，无产阶级的历史使命，就在于通过反对资产阶级的阶级斗争，用暴力推翻资本主义制度而建立自己的统治。众所周知，在《共产党宣言》诞生的那个年代，无产者一无所有，只有把自己的劳动力作为商品，出卖给资本家来维持基本的生活。但工人的劳动力并不是在任何情况下都能卖出去的，只有能为资本家增殖资本的时候，才有可能。伴随着资本主义生产方式的确立，尤其是伴随着机器的广泛使用，工人劳动进一步失去独立和自由，使劳动演变为一种异己的力量，越来越支配和控制着工人本身。与此同时，无产阶级反对资产阶级的斗争也不断显现。起初，这种斗争更多地表现为一种本能、自发的反抗行为，斗争本身是分散的、无组织，缺乏明确的政治目标。经过最初时期反对资产阶级斗争的实践，无产阶级逐渐认识到剥削和压迫他们的不是各个资本家，而是整个资产阶级和资产阶级国家；不是机器的使用，而是资本主义制度本身。因此，斗争的内容和方式发生了变化，“单个工人和单个资产者之间的冲突越来越具有两个阶级的冲突的性质”[1]。无产阶级也在斗争中看到自己团结起来的力量。

然而，在《共产党宣言》发表的那个年代，无产阶级却存在着很多与革命形势和自身历史使命不相适应的问题。恩格斯曾在《英国工人阶级状况》一文中揭示了当时的工人阶级的颓废堕落、革命斗志和革命意识消沉等现象，“除了纵欲和酗酒，他们的一切享乐都被剥夺了”[2]。尽管 19 世纪 30 至 40 年代，工人阶级不仅建立了工会，还建立了政治性组织，如英国的宪章协会、法国的四季社和德国的正义者同盟等。但它们要么在组织上比较涣散，带有密谋性和宗派性；要么在思想上受到各种社会主义流派的影响，不仅不可能领导无产阶级走上正确道路，甚至在一定程度上还阻碍了工人运动的发展。所以说，马克思、恩格斯在当时的情况下清醒地认识到，只有建立先进的无产阶级的政党组织，才能使无产阶级顺利有效地完成自身的历史使命，“要使无产阶级在决定关头强大到足以取得胜利，无产阶级必须组成一个不同于其他所有政党并与它们对立的特殊政党，一个自觉的阶级政党”[3]。因此，在马克思、恩格斯的思想中，建立无产阶级政党，不仅是无产阶级能够实现自身历史使命，获得解放的必要条件，也是未来无产阶级国家进行有

① 《马克思恩格斯文集》（第 2 卷），人民出版社，2009 年版，第 40 页。
② 《马克思恩格斯文集》（第 1 卷），人民出版社，2009 年版，第 411 页。
③ 《马克思恩格斯选集》（第 4 卷），人民出版社，1995 年版，第 685 页。

效的国家治理的先决条件。

当然，众所周知，马克思、恩格斯所处的时代并没有对于治理无产阶级领导的国家实践，习近平总书记指出："怎样治理社会主义社会这样全新的社会，在以往的世界社会主义中没有解决得很好。马克思、恩格斯没有遇到全面治理一个社会国家的实践，他们关于未来社会的原理很多是预测性的；列宁在俄国十月革命后不久就过世了，没有来得及深入探索这个问题；苏联在这个问题上进行了探索，取得了一些实践经验，但也犯下了严重错误，没有解决这个问题。"① 因此，马克思、恩格斯他们对于未来社会的国家治理的认识、想法都是一种预测性的，并没有提出十分具体的方案，"在将来某个特定的时刻应该做些什么，应马上做些什么，这当然完全取决于人们将不得不在其中活动的那个既定的历史环境"②。这种科学的态度、务实的精神为我们今天有效进行国家治理提供了宽广的视野和科学的方法论指导。

（二）治理与国家治理现代化

1. 治理

治理活动是人类社会的一项基本活动，在任何一个国家的存续和发展进程中都离不开治理。治理最早的意思就是控制、

① 《习近平谈治国理政》，外文出版社，2014 年版，第 91 页。

② 《马克思恩格斯选集》（第 4 卷），人民出版社，1995 年版，第 643 页。

引导和操纵，源自“引领导航”（steering）一词。事实上，最早的治理活动在原始社会就已经出现。美国著名学者摩尔根就曾指出，氏族社会就是“建立在人身关系的组织上，它是通过个人与氏族、与部落的关系来进行治理”①。当原始社会解体之后，人类进入阶级社会，国家的建立使原始社会的治理活动也就演变成了国家的治理活动，具有了鲜明的阶级性。可以说一个国家无论大小强弱、先进落后，都逃不脱治理这个主题，古今中外，概莫能外。只要有国家，就必然有国家治理。

一般来说，在国家治理方面，如果进行细分的话，可以将人类社会的国家治理分为国家治理的统治阶段、国家治理的管理阶段和国家治理的治理阶段等，这可以说是人类社会发展的一般规律，也是我们今天进行国家治理分析的一个重要视角。其中，统治②更多地突出和强调主体单一、自上而下，更多地强调的是服从；而管理在力度和强度上比统治稍显柔性，但管理仍看重“管”，体现和推崇的仍是单一的治理主体，强调的

① ［美］摩尔根：《古代社会》（上册），商务印书馆，1981 年版，第 218 页。

② “治理”不同于“统治”。比如著名学者俞可平就认为两者主要有五方面的区别。第一，权威主体不同。统治的主体就是政府或者是其他国家公共权力，而治理的主体不仅有政府，还有企业组织、社会组织以及居民自治组织等。第二，权威的性质不同。一般来说，统治是强制的，而治理可以采取强制，但更多是协商的。第三，权威的来源不同。统治权威的来源是国家法律，而治理权威的来源不仅有法律，还有各种非国家强制的契约。第四，权力运行的向度不同。统治过程中，权力的运行是自上而下的。而在治理过程中，权力并不完全是自上而下的，更多的时候是平行的。第五，作用所及的范围不同。统治所及的范围以政府权力所及领域为边界，而治理所及的范围则以公共领域为边界，后者比前者要宽广得多。参见俞可平《推进国家治理与社会治理现代化》，当代中国出版社，2014 年版，第 1-2 页。

仍是自上而下的管理和服从，具有单向性和强制性。

而治理则不同于统治和管理，更加强调制度化、法治化、民主化、包容性等现代治理理念，更加强调社会组织和公民个人的参与，主张执政党和政府要主动向社会和民众放权，主要是指各种公共结构、私人部门以及公民个人通过沟通、协调、合作等多种方式共同管理国家公共事务的活动，是通过协调各个方面的利益关系，消除利益分歧，从而实现相互合作、联合行动的过程。因此，治理既可以看作一种公共管理活动，又可以看作一种公共管理过程。主要表现在从国家本位、行政手段转变为共治共享：在治理主体上，不仅仅限于执政党和政府，而变得更加多元，实现从党政一元统治、管理，向党委、政府、社会组织、人民团体、民众等多元主体协商共治转变，各主体之间的关系更加平等；在治理方式上，坚持沟通、协调、合作，实现依靠权威从静态、刚性的管控，向依靠法制的动态、柔性的治理转变，从而使各治理主体之间能够相互协调、共同发展进步，更多的是以一种协商的方式来进行国家治理；在治理过程上，实现从自上而下、单向度的垂直管理，向纵横联动、多向度的立体治理转变；在治理目标上，实现从单一强调维护社会稳定，向维护社会秩序、促进公平正义，维护社会公共利益转变；在治理权威来源上，实现依靠正式的规章制度和法律规范，从而实现国家治理的高效、协调。

2. 国家治理体系与国家治理能力

国家治理是一项复杂的系统工程，既需要建立科学完善的国家治理体系，也需要拥有强大的国家治理能力，两者只有协调配合、齐头并进，才能相得益彰，更好地推进国家治理。

国家治理体系是在党领导下管理国家的制度体系，包括经济、政治、文化、社会、生态文明和党的建设等各领域体制机制、法律法规安排，是一整套紧密相连、相互协调的国家制度，其内含着治理价值、治理理念、治理过程的系统架构，涵盖着国家治理中的规划、决策、监督、评估及反馈等一系列制度和程序，是由治理主体、治理客体、治理目标、治理方式等要素构成的完整系统，是党领导人民能够有效实现国家治理的基本保障和基本依托，决定着国家治理的方向、内容和架构。只有国家治理体系比较健全完善，才能保证和促进国家治理能力的有效实现并始终维持着国家治理能力的稳定与强大。所以说，国家治理体系对国家治理能力来说，起着重要的支撑作用。比如，价值观念体系为提升党和国家的价值引导能力提供基本内容；组织结构体系为组织动员能力提供明确的人员构成和职能分工；制度规则体系为依法治理能力提供法理依据；制度运行体系为合作共治能力提供方法和途径；等等。

国家治理能力作为国家文明程度的重要衡量指标，是一个国家综合国力和社会稳定程度的重要衡量标准，是指运用国家制度管理社会各方面事务的能力，包括改革发展稳定、内政外交国防、治党治国治军等各个方面，主要表现为有效维护国家政治稳定的能力、有效对国家中的各个阶层和国家治理主体进行调节的能力、有效实现国家整合的能力、有效提高对国家经济发展的促进能力、有效应对风险挑战的能力等。没有强大的国家治理能力，再完善再健全的国家治理体系也无法有效发挥作用，也就很难彰显出国家治理体系的价值。这势必会影响民众对国家执政者的信任和支持。所以说，只有具有强大的国家治理能力，才能真正将国家治理体系的效用发挥出来。

因此，国家治理体系和治理能力是一个国家的制度和制度执行能力的集中体现。作为一个有机整体，国家治理体系和国家治理能力两者相辅相成，共同作用于国家发展进步和国家治理现代化的全过程，是有效实现国家治理不可分割的两大部分。国家治理能力是国家治理的动态表现，而与之相适应，国家治理体系则属于国家治理的静态表现。缺乏健全完善的国家治理体系，国家治理不可能实现现代化；同样，缺乏强大有效的国家治理能力，国家治理也不可能实现现代化。也就是说，在国家治理现代化的进程中，国家治理体系和国家治理能力缺一不可，否则就很难解决国家发展进程中所面临的矛盾问题，就不可能实现国家治理的现代化，甚至有可能会带来严重的后果，造成社会的动荡。

3. 国家治理现代化

国家治理现代化由国家治理体系现代化和国家治理能力现代化两部分共同构成。

所谓国家治理体系现代化涉及各方面制度和体制机制的完善，是指立足于现代社会条件，国家治理体系适应社会经济政治文化等各领域现代变革的本质要求而对自身所进行的现代化，也就是传统国家治理体系不断向现代国家治理体系的变迁转型的过程。国家治理体系现代化意味着各领域各层次不仅要创新自身的治理方式，而且要相互补充、相互配合、相互促进；意味着不仅要处理好国家、市场、社会、个人的关系，而且要解决好国家间的问题。衡量国家治理体系现代化的标准至少应包括：公共权力运行制度化和规范化，公共治理过程民主化、公共治理法治化，行政效率和经济效益提升，制度安排协调化。①

所谓国家治理能力现代化意味着国家不仅能够有效地对经济生活予以管理和干涉，而且能够为国家提供科学有效的基础性制度和法律框架，促进国家治理制度化、法治化，从而能够有效运用国家制度管理社会事务、全面深化改革、推进科学发展、维护社会稳定和谐、独立自主地开展内政外交、维护国防安全、有效治党治国治军，把制度体系的完善转化为治理国家的效能。因此，科学理解国家治理现代化，就必须将它和完善发展中国特色社会主义制度联系起来，在中国特殊的语境下，这是一个不可分割的整体。从这方面来看，如果说国家治理体系现代化意味着中国特色社会主义制度本身的健全和完善，那么，国家治理能力现代化就意味着中国特色社会主义制度在运行上的完善。

① 郑言、李猛：《推进国家治理体系与国家治理能力现代化》，《吉林大学社会科学学报》，2014 年第 2 期。

（三）我国国家制度和治理体系的鲜明特色

我国的国家制度和国家治理体系立足于中国大地，始终坚守人民立场、拒绝自我封闭，是我们党和人民经过长期探索实践形成的。作为科学的制度体系，既区别于我国古代的国家治理体系，也区别于西方的国家治理体系，是马克思主义与中国国情相结合的产物，彰显出鲜明特色。

1. 求实自信的民族性

人类发展史充分说明，国家治理体系和模式的选择、演变与发展是与一国国情紧密相连的，是国家政治、经济、社会、文化传统等方面的综合表现。一个国家构建何种国家制度，实行什么样的治理体系，一定要与该国的历史传统和现实国情相适应。因此，国家治理作为高度复杂性的工程，必然深深扎根于一国历史和现实的土壤之中。世界上并没有普世的国家治理模式，这正如马克思曾经指出的，“人们自己创造自己的历史，但是他们并不是随心所欲地创造，并不是在他们自己选定的条件下创造，而是在直接碰到的、既定的、从过去承继下来的条件下创造”①。“一切划时代的体系的真正的内容都是由于产生这些体系的那个时期的需要而形成起来的”②。

长期以来，西方国家制度模式和治理体系曾在世界范围内

① 《马克思恩格斯选集》（第1卷），人民出版社，1995年版，第585页。
② 《马克思恩格斯全集》（第3卷），人民出版社，1960年版，第544页。

风靡一时，成为很多国家竞相模仿的“典范”。但“每个社会，每一种伟大的文明都产生了治理的特殊传统，分别产生了风格各异的治理”①。西方的国家制度和治理模式是在西方社会特定的经济、政治、文化和社会环境中形成和发展起来的，并不是普世的，被移植到广大非西方国家和地区以后，大多出现了水土不服、乱象丛生的现象。习近平总书记指出，“治理一个国家，推动一个国家实现现代化，并不只有西方制度模式这一条道，各国完全可以走出自己的道路来”②。

因此，对于选择什么样的国家治理体系、国家治理模式必然不能脱离社会传统、文化和制度历史，必须要立足我们自己的国情，而不能照搬照套照用西方式的国家治理体系和模式，所谓借鉴人类政治文明有益成果，绝不是照搬西方政治制度的模式。我们有中华5000多年文明，经历了历史的探索和选择，有自己独特的国情，这些都注定了中国必然走适合自己的发展道路。

作为一个有着悠久的历史的文明古国，在长期的发展过程中，积淀了丰富的文明成果。其长久以来形成的政治惯性、积淀在人民内心深处的心理和思维习惯，势必对国家治理体系和治理能力的发展变革产生重要的影响。“在几千年的历史演进中，中华民族创造了灿烂的古代文明，形成了关于国家制度和

---

① ［法］皮埃尔·卡蓝默：《破碎的民主：试论治理的革命》，生活·读书·新知三联书店，2005年版，第9页。

② 《习近平关于社会主义政治建设论述摘编》，中央文献出版社，2017年版，第7页。

国家治理的丰富思想，包括大道之行、天下为公的大同理想，六合同风、四海一家的大一统传统，德主刑辅、以德化人的德治主张，民贵君轻、政在养民的民本思想，等贵贱均贫富、损有余补不足的平等观念，法不阿贵、绳不挠曲的正义追求，孝悌忠信、礼义廉耻的道德操守，任人唯贤、选贤与能的用人标准，周虽旧邦、其命维新的改革精神，亲仁善邻、协和万邦的外交之道，以和为贵、好战必亡的和平理念，等等”①。并在此基础上形成了与之相配套的包括朝廷制度、郡县制度等制度在内的国家制度和国家治理体系。它们作为中华文明的重要组成部分，为我国的国家治理体系的创立、形成、发展、进步提供了深厚的历史土壤和丰富的思想资源。例如，通过对我国传统文化及其构设的国家制度来看，其展现出一个非常明显的特点，就是“合权”，简单来说，也就是皇权至上、家国一体。比如，就拿一个“孝”字来说。什么是孝？在中国传统中，对于民众来说，尊敬父母、延续香火，是“孝”；忠诚君王、为国献身同样是“孝”。《论语·学而》说，“其为人也孝悌而好犯上者，鲜矣；不好犯上而好作乱者，未之有也”。《礼记·祭统》也同样指出，“忠臣以事其君，孝子以事其亲，其本一也”。显然，在中国的传统文化中，家庭关系已经被社会化或政治化，“长幼有序”“忠君报国”已成为大多数中国人内心深处的社会品德。而反观西方传统社会，给我们展现出的则是

① 《论坚持人民当家作主》，中央文献出版社，2021 年版，第 291 页。

"分权"和"制衡"。国王并不拥有至高无上、不能质疑的绝对权力，不仅要受到教会对其的制约，还要与下级贵族（公爵）之间通过分封的方式分享权力（类似于中国的周朝）。而贵族之间又形成层层分治的关系，这样逐级分解，每一层贵族只与其直接联系的上下层发生契约关系，呈现分散化的特点，形成了"我的主人的主人不是我的主人，我的附庸的附庸不是我的附庸"这种独特的样态。因此，从文化传统来看，现代西方国家大多以"分权"和"制衡"为基础设计制度，而中国制度背后，则是集体主义传统，是"和合"文化指引下的家国情怀。

所以说，我国作为一个有着悠久历史文化传统、超大国土面积和人口的一个发展中大国，在发展过程中必然要建立适合自己国家情况的国家治理体系和国家治理模式，推进具有中国特色的国家治理现代化。因为在中国，无论是传统智慧还是西方经验都无法为我们提供现成的答案，也没有现成的社会主义实践可以学习。众所周知，近代以来，为了实现民族复兴，无数先进的中国人和各式各样的政治团体都在努力探寻新的国家治理模式，先后尝试了君主立宪制、议会制、总统制等各种制度和治理模式。但由于当时人们更多的是将自己的目标放在了移植西方政治制度和国家治理模式上，而忽视了西方国家这些制度模式形成、生长、存续的环境与中国是有着天壤之别的。正所谓"南橘北枳"，其结果是近代中国在制度变革中的探索最终都以失败而告终，中国社会依然是一盘散沙，依然被外国列强所欺辱。

正因为此，在充分汲取我国传统治理智慧的同时，我们将民族基因与现代社会发展要求相结合，将马克思主义基本原理与社会主义中国的国情相结合，走出了一条具有中国特色的国家治理之路，形成了具有中国特色的国家治理模式，推动了我国国家治理的进步发展，从根本上超越了历史周期律，实现了国家的持久繁荣和稳定。

2. 坚定鲜明的人民性

国家制度和治理体系具有鲜明的阶级性。无论建立什么样的国家治理体系，其宗旨和目的都是维护统治阶级的政治统治。“现实中的政治统治和国家治理模式形形色色，其表现千差万别，但每一种模式都有自己的哲学理念和政治价值体系。”①

我们知道，中国的国家性质和国情决定了中国的现代化发展必然在党的领导下进行，推进国家治理现代化也是如此，这是中国现代化发展的必然逻辑。因此，对于我们党来说，初心和使命就决定了推进国家治理现代化的根本指向就是要为人民谋幸福，实现和维护人民的利益获得。可以说，人民在国家制度和国家治理体系中居于什么样的地位，是衡量一个国家制度和治理体系先进与否的根本标准。马克思在《黑格尔法哲学批判》一书中深刻指出：“在君主制中是国家制度的人民；在民主制中则是人民的国家制度。”②“人民是否有权来为自己建立

① 燕继荣：《国家治理及其改革》，北京大学出版社，2015年版，第43页。
② 《马克思恩格斯全集》（第1卷），人民出版社，1956年版，第281页。

新的国家制度呢？对这个问题的回答应该是绝对肯定的，因为国家制度如果不再真正表现人民的意志，那它就变成有名无实的东西了。”“不是国家制度创造人民，而是人民创造国家制度。”①

在百年的实践中，我们党始终坚守人民立场，在革命战争年代，从局部执政时期开始就已经开始独立设计中国的现代国家建构问题。民主革命时期，我们不唯书、不唯外，只唯实，创设了与国情相合的基础性政治制度；新中国成立以来，我们立足实际、守正出新，推动了我国国家治理现代化的进步发展。事实上，早在20世纪30年代的革命战争进程中，中国共产党就在革命根据地开始尝试政权建设，参照当时苏联的政治模式，创设不同于资本主义国家的政治制度。众所周知，1931年，我们党在中央苏区召开了中华工农兵苏维埃第一次全国代表大会，在这次会议上，我们通过了《中华苏维埃共和国宪法大纲》土地法令、劳动法和相关经济政策；在抗日战争时期的陕甘宁边区，我们创造性地提出了“三三制”原则，并以此为原则，构建了国家政权。特别是在陕甘宁边区的选举过程中，我们颁布了具有现代意义的《陕甘宁边区选举条例》。不仅如此，我们在实践中也创造出诸如投豆豆、画圈圈、烧眼眼等许多前所未有的选举形式，让人耳目一新。可以说，我们党所做的这些尝试，真正体现了党的初心，也以实际行动抨击了国民

① 《马克思恩格斯全集》（第1卷），人民出版社，1956年版，第316页。

党所谓的“人民文化水平低，就不能实行民主”的论调，不仅得到了人民的认可，也受到了一些外国人士的赞誉。美国著名记者史沫特莱曾经写了一本书，叫作《中国的战歌》，1943年在美国出版。她在里面就说，共产党在边区搞的这些选举，“是比近代英美还要进步的普选”。因为，我们都知道，那时的英美选举还有一些财产、身份、性别的限制，等等。正是这样的初心和努力，才使我们党赢得了人民的真心拥护和支持，才会有“最后的一碗米，送去做军粮；最后的一尺布，送去做军装；最后的老棉袄，盖在担架上；最后的亲骨肉，含泪送战场”的感人景象。在人民的支持和拥护下，我们成立了新中国。因此，我们党才反复强调“没有民主就没有社会主义”。

新中国成立前夕，毛泽东就反复强调：“我们是人民民主专政，各级政府都要加上‘人民’二字，各种政权机关都要加上‘人民’二字，如法院叫人民法院，军队叫人民解放军，以示和蒋介石政权不同。”① 新中国成立后，我们党领导人民彻底革除了旧政权与人民大众的关系，从根本上重塑了国家权力与人民权利的关系属性。在实践中，我们党更是始终站在人民立场，国家制度的设计创造、发展完善，国家治理的一切工作、一切活动都是围绕着人民的利益展开。同时，充分发扬人民民主，尊重人民主体地位和首创精神，逐步健全和完善了一系列能够体现和确保人民当家作主的国家制度和国家治理体系。

① 《毛泽东文集》（第5卷），人民出版社，1998年版，第136页。

习近平总书记指出，“始终代表最广大人民根本利益，保证人民当家作主，体现人民共同意志，维护人民合法权益，是我国国家制度和国家治理体系的本质属性，也是我国国家制度和国家治理体系有效运行、充满活力的根本所在”①。例如，人民代表大会制度作为我国的根本政治制度，是符合我国国情和实际、体现社会主义国家性质、保证人民当家作主、保障实现中华民族伟大复兴的好制度，是我们党领导人民在人类政治制度史上的伟大创造，是在我国政治发展史乃至世界政治发展史上具有重大意义的全新政治制度，对国家治理体系和治理能力起着根本支撑作用。在这一制度下，人民充分享有当家作主的权利，不仅能够依法行使自己的选举权、享有被选举权，而且能够有效地行使监督权和罢免权，实现对各级人大代表和各级人民代表大会的控制和约束。而人民代表大会作为国家权力机关，对政府、监委会、法院、检察院及其组成人员依法控制和约束，这就在国家政治生活中形成了中国共产党领导下的一总（人民代表大会）四分（“一府一委两院”）的基本格局，立法、行政、司法、监察机关之间互不统领、相互制衡，各自向权力机关负责。这就既体现了一定程度的分权制衡，又避免了权力的疏离、分散，能够充分体现人民意志、反映人民呼声、代表人民利益，确保国家的一切权力真正属于人民。习近平总书记指出，“人民代表大会制度，坚持中国共产党领

① 《坚持和完善中国特色社会主义制度 推进国家治理体系和治理能力现代化》，《求是》，2020 年第 1 期。

导，坚持马克思主义国家学说的基本原则，适应人民民主专政的国体，有效保证国家沿着社会主义道路前进。人民代表大会制度，坚持国家一切权力属于人民，最大限度保障人民当家作主，把党的领导、人民当家作主、依法治国有机统一起来，有效保证国家治理跳出治乱兴衰的历史周期率。”①

3. 包容进取的开放性

现代化是人类社会发展的必然趋势。但由于各个国家现实国情和历史文化传统的不同，不同国家的现代化进程也不会完全相同，其治理体系和治理模式也不会相同。尽管各国的国家治理制度和治理体系是在不同的社会条件下形成的，具有很大的差异性，但它们并非都打上了社会制度的烙印。

事实上，如果我们从人类社会的发展进步历程来看，不同国家在国家治理上也是相互学习、相互借鉴的，这也构成了人类文明发展的一个重要的景观。所以说世界上任何国家制度和治理体系都必须在开放中吐故纳新、展现生机和活力，封闭没有出路。比如，以现代社会的文官制度为例，作为现代行政管理体制的重要组成部分，文官制度在行政管理方面无疑发挥着重要作用。我国现行的公务员制度在许多方面学习和借鉴了西方国家的文官管理制度。但是在历史上，西方国家的文官管理制度均源自英国文官制度，而英国文官制度则是在学习借鉴了中国古代职官管理制度的基础上，结合现代行政的特点和要求

① 《在中央人大工作会议上的讲话》，《求是》，2022 年第 5 期。

形成和发展起来的。必须承认，西方国家政府治理虽然在常态下社会资源动员力较弱，但是，其社会层面存在大量与政府功能分担的非政府组织、自我运行和修复力很强的基层自治体，以及经济领域里大量创新力极强的自主经营企业，都决定了其社会和经济体系在一定历史条件下仍然具有很强的持续发展活力。

众所周知，以多党竞争、权力分立为特点的资本主义国家的治理模式尽管存在着诸多不足和弊端，但其作为人类文明史的一大进步，曾在反对封建专制、促进社会发展方面发挥了重要的作用，不仅取代了封建专制主义的治理传统，也逐步把早期原始野蛮的资本主义改变得更加文明和进步，实现了一定程度上的发展和国家的稳定。这种治理绩效的取得得益于资本主义社会不断健全和完善的一系列制度的支撑和保障，其中有很多成果是值得我们借鉴和学习的，比如选举制度、对权力的监督与制约制度、法律至上的法治制度，等等。但我国的历史传统、文化价值等与西方是不同的，我们绝不能照抄照搬。

对于我国的国家制度和国家治理体系而言，传统是我们的历史土壤，但我们现今的国家制度和国家治理体系，还不能说是传统的直接翻版。从中国近现代历史发展进程和历史必然性看，我国今天的制度和治理体系是历经革命、建设、改革长期实践形成的，是在始终以一种开放包容的态度和胸襟对待所有积极进步、能为我所用的东西；始终拒绝封闭，自觉通过吸收借鉴来丰富和完善自身，增创优势的过程中逐步形成的。无论是社会主义革命和建设时期对于苏联的建设模式，还是改革开放时期对于西方的发展方式，都坚持开放借鉴的态度，从而推动了我国国家制度和国家治理体系的不断创新发与发展。例如，我们熟知的社会主义市场经济体制并不是从我国发展起来的，而是对西方市场经济制度的批判吸收借鉴、创造性发展。大家都知道，西方市场经济制度的一个显著特点就是警惕政府。而我们建立的社会主义市场经济体制，一方面能够有效发挥市场在资源配置中的决定性作用，另一方面也能够在市场决定性作用发挥的同时更好地发挥政府作用，使其成了当代市场经济制度发展的最新样态。这就是说，既保持了由上到下的强动员模式，又克服了传统社会主义计划经济的平均主义和“大锅饭”惰性；既借鉴了用市场配置资源从下到上带有源发性、灵活性的创造和发展机制，又克服了西方国家政府治理因多党竞争、权力掣肘带来的一系列问题，在一种程度上实现了世界上两种体制的“强强结合”。

二、政党与政党执政能力的基本理论

政党作为现代社会的重要标志和现代政治架构中的基本构件之一，不仅是政治现代化发展到一定历史阶段的产物，也是现代国家中最活跃的因素和最有影响力的行为主体，是现代国家进行政治动员、政治整合和政治领导的主要工具。

（一）政党政治是政治现代化的重要标志

从人类政治现代化的发展进程来看，政党扮演着十分重要的角色，既是政治现代化的重要标志，也是现代政治生活不可缺少的重要组成。正如马克斯·韦伯所言："政党是现代政治生活的主要组织者和发起者。"① 著名政治学家谢茨施耐德也曾经指出，"政党并不是现代政府的附属物；它们处于现代政府的中心，并扮演着决定性和创造性的角色"②。可以说，政党不但与现代化的进程密切联系，而且本身也是现代化进程的一部分。

现代意义上的政党作为代表一定阶级、阶层或集团利益的政治组织，并不是临时凑在一起的乌合之众，而是一个有机的整体，是有严格纪律约束的高度专业化的现代政治组织。"只有在政治权力能够被用于实现某种利益，商品经济活动的自由平等原则渗透到了政治领域时，政党现象才有可能产生。"③ 也就是说"当政治制度达到某个程度的复杂性……当选择政治领袖和制定政策的工作不再能完全属于一小撮人，而必须照顾到群众的意向时，政党就出现了"④。

---

① ［德］马克斯·韦伯：《学术与政治》，广西师范大学出版社，2010 年版，第 36 页。

② ［美］谢茨施耐德：《政党政府》，天津人民出版社，2016 年版，第 44 页。

③ 陈尧：《新权威主义政权的民主转型》，上海人民出版社，2006 版，第 118 页。

④ 吴江、牛旭光：《民主与政党》，中共中央党校出版社，1991 年版，第 7 页。

作为社会政治组织，政党主要是指社会上具有共同利益的特定阶级或阶层所组成的团体，“是由持相似的信仰、态度和价值的人们组成的集团”①，“是实现本阶级利益、意志和愿望的工具和司令部”②，具有鲜明的阶级性。政党的使命和任务就是维护本阶级的利益，主要都是围绕着国家政权而展开，涉及夺取政权、掌握政权、行使政权等方面。一般来说，政党的功能主要有两种：一种是代议功能，另一种是表达功能。政党是介于公民个人、社会组织与国家公共权力机关之间的政治实体，一方面它代表着社会中一部分人的利益，另一方面它又通过法定程序掌握国家公共权力，代表着社会公共利益，它横跨国家与社会两个领域，是国家与社会或者政府与公众之间沟通的有效渠道或桥梁。可以说，“它一端连着民众，因为只有得到相当一部分民众的支持，政党才能生存和发展；另外一端连着国家、政府、权力，因为只有掌握权力，或对政府的运作施加影响，政党才有存在的价值”③。也就是说，在现代民主政治条件下，政党一般是在两个层面上开展自身活动的：一是在社会层面，主要任务是赢得社会的支持与拥护；二是在国家层面，主要任务就是运用国家机器实现有效的社会治理，实现自身的价值诉求。政党政治目标和职能就是谋求执政，成为执政

① ［英］艾伦·韦尔：《政党与政党制度》，北京大学出版社，2011年版，导言第10页。

② 鲁士恭等：《当代中国党政关系研究》，上海人民出版社，2001年版，第258页。

③ 王长江：《政党现代化论》，浙江人民出版社，2004年版，第39页。

党，通过影响和控制政府，进行政治领导，让政府在运作的过程中实现政党所代表的阶级、阶层的利益诉求，当然在现代政治的视野中，政党在代表一定的阶级和阶层利益的同时，也照顾到社会其他成员的利益，有着越来越明显的社会整体代表倾向，“政党并不仅仅是个人组成的群体，它还是超越这些个人的组织”①。因此，李普塞特在他的名著《一致与冲突》中，把政党称作“冲突的力量和整合的工具”。可以说，在现代政党政治国家中，政党发挥着不可替代的作用，在利益表达、利益综合等方面产生着日益重要的影响力，起到的是控制、指导、稳定冲突等作用，英国政治观察家布莱斯勋爵也评论说：“政党能使为数众多的选举人从混乱的状态中实现秩序化。”②

因此，从一般意义上来说，现代社会就是政党政治社会。现代国家的政治运行和政治活动的开展，离不开政党的参与和介入。“现代政治走向民主政治，民主政治通过政党来实现，乃是政治发展的一个普遍的、带有共性的特征。”③ 政党尤其是执政党在现代社会发展中起着极其重要的作用，它作为一定阶级和阶层利益的代表，充当着国家和社会民众之间的桥梁，是实现社会稳定、国家发展的重要主体。

---

① ［法］让·布隆代尔、［意］毛里齐奥·科塔：《政党政府的性质：一种比较性的欧洲视角》，北京大学出版社，2006 年版，第 50 页。

② 孙哲：《权威政治》，复旦大学出版社，2004 年版，第 104 页。

③ 景红：《和谐党政关系构建：动态路径探索》，新华出版社，2009 年版，第 22 页。

（二）政党与国家关系的理论分析

政党是现代政治和政治现代化的标志，也是社会文明进步的象征。从现代政治的发展进程来看，政党与国家的关系十分紧密。政党与国家是两个不同的概念，各有特定的所指，也有各自的发展规律，然而两者之间却具有不可忽视的重要联系。

政党作为独立于国家之外的政治组织，通过选举获取公共政治资源和政治权力，从而与国家政权联系在一起的，在现代国家中发挥着十分重要的利益表达、社会整合等重要功能。英国著名政治家埃德蒙·柏克指出，"政党是人们联合的团体，根据他们一致同意的某些特定原则，以其共同的努力增进国家的利益"①。而国家作为相对独立的政治组织，管理国家、治理社会、服务民众是其公权力运作的基本目标。因此，政党和国家作为两个不同的概念，具有明显的界限和差别，有着不同的运行规律、逻辑结构和使命任务，两者之间的关系是间接、松散，甚至是分离的，政党和国家关系的嵌入只有通过政党竞选、选举和取得执政权获得。

在以政党为核心的现代民主政治中，政党与国家的关系变得越来越密切，政党产生于国家，又最终服务于国家，政党作为推动国家建设发展的主体性力量已经成为不争的事实。可以

① ［美］乔治·霍兰·萨拜因：《政治学说史》下册，商务印书馆，1990年，第684页。

说，现代国家的各种关系都在一定程度上直接或间接、明显或隐含地包含着政党的因素。美国著名学者亨廷顿就曾说过，“一个没有政党组织的政权，既缺乏推动社会变迁和吸收变迁产生冲击的制度方法，其实现政治、经济和社会现代化的能力也相当有限”①。对于先发国家而言，政党是产生于社会的机体之中，所以说在社会的分化过程中，就会自然地形成代表不同阶级或阶层利益的政党组织，而后由这些政党组织通过博弈、竞选等方式获得政权，继而推进社会建设的发展。因此，在先发国家的这样一个母体中，作为“部分”的政党②有其存在的天然合法性，国家建设已经完全容纳了这样的政党架构，各个政党按照一定的规则获得执政地位，推动国家建设，而未获得执政地位的政党组织则会接受这样的事实。因此，对于先发国家的现实情况来看，其国家建设是能够与作为“部分”的政党相伴随的。对于后发国家而言，按照布莱克的说法，“现代性的挑战在最早实行现代化的社会是内在自生的，……在迟现代化社会，这种挑战的发生越来越是外来的，因而显得更加迅速，甚至有些突然”③。在这样的情况下，是先有的政党，然后

① 杨绪盟：《移植与异化——民国初年中国政党政治研究》，人民出版社，2005年版，“自序”第3页。

② 对于政党而言，以是否存在竞争为标准，又分为两大类，即作为“整体”的政党和作为“部分”的政党。作为“整体”的政党主要包括一党制、霸权党制；作为“部分”的政党主要包括极化多党制、温和多党制、两党制以及主导党体制等。参见［美］G. 萨托利《政党与政党体制》，商务印书馆，2006年版，第178页。

③ ［美］C. E. 布莱克：《现代化的动力——一个比较史的研究》，浙江人民出版社，1989年版，第7页。

由这个政党去建立国家并推进其国家建设的。因此，在后发国家的发展进程中，政党是国家发展的倡导者、计划者、建设者和维护者，无时无刻不主导和影响着国家的发展。美国著名政治学家亨廷顿就曾把一个强大的政党看成是后发国家实现政治安定、保持社会发展的不可或缺的因素之一，“处于现代化之中的政治体系，其稳定取决于其政党的力量，……那些在实际上已经达到或者可以被认为达到政治高度稳定的处于现代化之中的国家，至少拥有一个强大的政党”①。这也就是说明，后发国家在发展过程中需要作为“整体”的政党来发挥强大的保障、支撑、引导所作用，而非需要作为“部分”的政党，从而实现社会发展进步。

因此，在现代政治前提下，政党与国家已经紧密地联系在了一起。一般来说，现代国家的建设发展依赖于具有现代性追求的现代政党的支持和推动。“在现代政治中，执政者并非一个人，而是一个精英团队，他们往往以政党的形式出现。”② 但政党既不能游离于国家社会之外，更不能完全融入国家社会之中，必须要在两者之间建立起有效的联系点，把握住一定的尺度，以实现对社会资源进行高度整合的同时推动国家社会的自主性发展。

---

① ［美］塞缪尔·P. 亨廷顿：《变化社会中的政治秩序》，生活·读书·新知三联书店，1989 年版，第 377 页。

② 燕继荣：《国家治理及其改革》，北京大学出版社，2015 年版，第 38 页。

（三）中国共产党与中国现代国家建设

中国作为社会主义国家和超大型的后发现代化国家，其历史逻辑和本质属性都决定了在我国国家现代化实现的过程中，党与国家是相伴发展的，有着极其密切、不可分割的联系。中国共产党作为执政党，在我国政治生态、政治生活中具有特殊的地位，其执政合法性、政治影响力以及承担的责任都是任何党派所无法比拟的，正如有学者曾指出的那样，"如果说其他国家执政党承担的是有限责任，中国共产党则承担着无限责任"①。我们党自成立以来就始终以全心全意为人民服务为根本宗旨，始终以维护民众的根本利益为行为准则，不仅带领中国人民建立了社会主义的现代国家，推动了中国的发展进步，而且也始终承担着推进和实现我国国家治理现代化的历史使命。

众所周知，在新民主主义时期，我们党是致力于夺取国家政权的党，其中重要的政党功能就是宣传党的政治主张，领导广大人民群众进行民族民主革命，最终取得了胜利，建立了新中国。这在中国历史上是具有划时代意义的里程碑，开启了我们迈向现代国家的新征程。1949 年新中国成立之后，我们党以执政党的身份开始进行中国的现代国家建设。尽管在这一过程中，我们党的执政地位发生了质的改变，但党与国家的关系并

① 周淑真：《以政党转型促进中国民主政治发展》，《探索与争鸣》，2012 年第 10 期。

没有因此而疏离，反而更加紧密。党的十八届三中全会，我们党鲜明提出了推进国家治理现代化，并将其作为实现社会主义现代化国家奋斗目标重要组成部分。这是我们党清醒认识新时代的发展全局所作出的重大政治判断。事实上，面对着国家治理的诸多难题和挑战，面对着利益多元、结构分化、社会分层等多种社会问题，在中国社会也只有中国共产党能够担负起进行有效利益整合、维护社会问题、促进国家发展的历史重任，这就是中国共产党在新时代的价值和定位。党的十九届四中全会指出："必须坚持党政军民学、东西南北中，党是领导一切的，坚决维护党中央权威，健全总揽全局、协调各方的党的领导制度体系，把党的领导落实到国家治理各领域各方面各环节。"① 党的二十大报告也明确指出："中国特色社会主义最本质的特征是中国共产党领导，中国特色社会主义制度的最大优势是中国共产党领导，中国共产党是最高政治领导力量"。② 因此，我国的国家治理现代化的实现和推进必然要以中国共产党的领导为前提和基础，最大限度地调动社会资源，进一步整合社会、形成共识，从而有效解决社会公正，维护民众利益，实现政党建设和国家建设的有效契合。一旦脱离了党的领导，国家治理现代化的进程就会失去方向，就有可能成为一句空话，

① 《中共中央关于坚持和完善中国特色社会主义制度 推进国家治理体系和治理能力现代化若干重大问题的决定》，人民出版社，2019 年版，第 6 页。

② 习近平：《高举中国特色社会主义伟大旗帜　为全面建设社会主义现代化国家而团结奋斗——在中国共产党第二十次全国代表大会上的报告》，人民出版社，2022 年版，第 6 页。

就有可能导致国家建设与现代化发展的颠覆性失败。

(四) 党的执政能力

中国共产党作为执政党，党的领导和执政状态，决定着中国政治生活的基本格局，决定着中国社会主义建设和现代化发展的样态。在这一过程中，党的执政能力起着十分重要的关键作用，是党和国家发展进步的根本所在、命脉所在。

当今时代，政党政治是一个普遍的社会政治现象。“现代意义的政治生活，在很大程度上是以政党为中心而展开运作的，政党是高度发达的政治组织，是国家和民众之间沟通的桥梁，是民众政治权利表达的重要组织形态，政党的发展是国家政治生活中最富生机的现象，直接影响着国家的民主政治进程和水平。”① 但事实上，不同政党的执政效果在实践当中具有很大差距，有的蓬勃发展，有的动乱不止，甚至人亡政息，其中一个重要的差别就是政党执政能力的差异。因为，在长期的社会实践中，政党尤其是执政党能否始终维护自身的执政地位，保持自身的先进性和纯洁性，是任何一个政党特别是执政党所始终面临的一个重大课题。而这就需要政党具有强大的执政能力，也就是要具备适应社会发展、加强自身建设的能力。一个政党只有拥有了强大的执政能力，才能有效地运用国家权力，

① [美] 戴蒙德、冈瑟：《政党与民主》，上海人民出版社，2012 年版，译后记第 368 页。

才能有效地促进国家发展，妥善处理各种风险挑战，保持巩固自己的执政地位。因此，执政能力建设是任何一个政党特别是执政党始终关注的重大课题，主要是指政党特别是执政党表现出了治理国家的能力，以及在治理国家过程中所展现出的意志品格、政治技能以及在此基础上表现出的对国家整体发展趋势和发展进程的掌控，表明的是执政党在实施执政进程中有效贯彻党的意志、推行党的理念，运用国家权力对社会进行控制和治理的能力。因此，政党的执政能力不仅是评价一个政党成熟与否的关键因素，也是确保政党能否始终获得和长期拥有执政地位的关键因素。

中国共产党执政就是指中国共产党通过合法途径领导国家权力机关，从而将党的主张、党的意志、党的决定通过法定程序转变为国家法律和国家政策，从而有效实施治国理政，谋求和实现全国人民共同利益的活动。因而，对于我们党而言，所谓“党的执政能力”就是“党提出和运用正确的理论、路线、方针、政策和策略，领导制定和实施宪法和法律，采取科学的领导制度和领导方式，动员和组织人民依法管理国家和社会事务、经济和文化事业，有效治党治国治军，建设社会主义现代化国家的本领”①。可以说，党的执政能力建设这一命题的提出，充分体现了我们党对共产党执政规律的认识更加深刻，对党自身建设和能力素质的清醒把握。进入新时代，我们党更加

① 《中共中央关于加强党的执政能力建设的决定》，人民出版社，2004年版，第2页。

重视党的执政能力建设问题。在党的十九大报告中，我们党不仅再次强调了这一问题，而且明确提出了要加强党的长期执政能力建设，充分表明了我们党对于党的执政能力建设的重要性、艰巨性和复杂性的理性认知。党的二十大报告对党的执政能力再一次提出了新的要求，明确指出："全面建设社会主义现代化国家、全面推进中华民族伟大复兴，关键在党。我们党作为世界上最大的马克思主义执政党，要始终赢得人民拥护、巩固长期执政地位，必须时刻保持解决大党独有难题的清醒和坚定。"①

三、国家治理现代化与党的执政能力建设的一般关系

在中国特殊的政治母体下，国家治理现代化与党的执政能力建设具有逻辑上的内在契合，两者相辅相成、相互促进，是一种互动与融合的关系。

（一）国家治理现代化为党的执政能力建设奠定基础

推进国家治理现代化，不仅是我国国家建设和现代化发展

① 习近平：《高举中国特色社会主义伟大旗帜　为全面建设社会主义现代化国家而团结奋斗——在中国共产党第二十次全国代表大会上的报告》，人民出版社，2022年版，第63页。

的重要战略目标，也是彰显和提升我们党的执政能力的过程。可以说，国家治理现代化奠定了党的执政能力建设的基础。

第一，坚持制度治理为党的执政能力建设创设成长空间。

在传统社会，国家与社会尚未实现分离。此时，社会受到国家的统治，民众只能作为政治权威的被动服从者。在这种情况下，政治权威并不需要依靠民众的政治信任来维持自身统治，也不需要依靠制度来实现自身统治，只需要拥有足够强大的震慑力量。而随着社会的发展，社会与国家相分离，执政者的执政能力直接决定了政权能否存续与发展，因而成为执政者十分关注的重点。为巩固自身统治地位，执政者建立起一系列的制度，以此来长期维持政治体系的正常运转，保证自身的执政地位。实际上，推进我国国家治理现代化的核心就是实现制度体系的完善，充分发挥制度体系的治理效能，始终坚持制度治理。因此，从实践中来看，我国制度供给以及制度的执行力的提升是国家治理现代化的内在要求，也是我们衡量国家治理现代化水平的重要标准之一。因为，制度的设计和安排为规范保障党、政府、市场等行为提供了明确的边界，使国家的治理行为、党的执政行为有了根本的遵循，进而能够有效地依赖公开的规则、制度去整合社会利益、维护社会秩序、推动社会的进步与发展。当前，我国社会主义制度现代化扎实推进，制度体系建设和保障能力不断增强，不仅满足了社会发展的需要、满足了人民群众的需要，更为党的执政能力建设提供了有效的基础保障。可以说，国家治理现代化的过程包括制度现代化的过程，这在很大程度上也推进着党的执政能力建设的提升。

第二，坚持科学治理为党的执政能力建设提供现实基础。

坚持科学治理，是推进国家治理现代化的必然要求，指的是在科学理念与科学精神的指导下，建立科学规划、科学运作的治理体系，在此基础上，运用大数据等现代科学技术手段来提高国家治理能力。在这种状态下，国家制度和国家治理体系更加科学，科学合理的制度体系兼具现实性与预见性，能够赢得民众的信任；同时，治理手段和方式上也将突破传统思维束缚，大量使用现代科学技术与科学方法，这将有力地助推国家治理能力的提升，极大地提高公共部门公共政策的制定水平、公共产品的分配能力、突发事件的应对水平以及维护社会稳定的能力等。因此，在国家治理现代化过程中坚持科学治理能够有效避免决策的失误，改善治理绩效，保障民众的利益诉求，从而彰显党的执政能力，使广大民众与我们党、我们政府等政治系统之间能够更加顺畅地沟通、交流，不再是消极被动接受，而是演变成积极主动合作，这样就能使我们党和政府更加赢得民众的拥护和支持，为党的执政能力建设提供现实基础。

第三，坚持民主治理为党的执政能力建设搭建互动平台。

民主是现代社会的重要标志之一。坚持民主治理是现代社会对国家治理提出的基本要求，意味着在国家治理过程中要为广大民众与政治体系及其内部各要素的互动搭建平台，不断完善国家民主决策、民主参与、民主监督等体制机制，下大力气保障民众的民主权利，从而调动和激发广大民众的主动性，真正实现人民当家作主。在这一背景下，坚持民主治理可以使公民以一种理性的态度、用一种批判的眼光去评价和看待国家治理过程的运作、政治权力的使用、政策制度的制定等，积极有序地参与国家政治生活、社会生活。可以说，国家治理现代化坚持民主治理，不仅能够满足人民日益增长的参与政治生活的愿望，而且可以从侧面规范政治体系的行为，激发了公民的创造性与参与积极性，民众的主体性、独立性、自主性加强，使政治体系的产出更符合民众的利益诉求，这些都能为党的执政能力的建设提供广泛的民众基础和有益的促进。

（二）党的执政能力建设是推进国家治理现代化的根本保证

中国共产党的领导核心地位决定了我们党在推进我国国家治理现代化的历史进程中承担着领导、组织、践行的重要使命。这意味着党的执政能力的强弱将直接影响国家治理现代化的进程，决定着国家治理现代化的水平。因此，党的执政能力建设是实现国家治理现代化的坚实支撑和根本保证。

第一，加强党的执政能力建设，有助于增强政治合法性，确保国家治理现代化的方向性。

政治合法性是政治统治得以维系的前提，“没有对系统合法性的一些适当的信奉，任何政治统治都不能延续，至少不能延续很久”①。合法性作为政治权威的价值判断标准，是统治者与被统治者之间的一种共认的理念，一般来说指的是政治体系使人们产生和坚持对现存政治制度的信仰能力以及政治统治依据传统或公认的准则而得到人民基于内心自愿的认同、支持和服从。借助合法性的支持，政治权威不仅可以大大降低为制定和实施政策法规所需的人力与物力耗费，而且，即使它在特定范围内决策失误，也有可能得到社会成员一定程度的理解或默许。因此，“合法性信仰对于维持支持来说是必不可少的，至少对于那些历史非常悠久的政治系统来说是必不可少的”②。正如美国著名学者利普塞特所说：“任一民主国家的稳定不仅取决于经济发展，也取决于它的政治制度的合法性和有效性。”③所以说，任何政治统治和国家治理都离不开政治合法性的获得和维护。

对于我国社会而言，国家治理现代化的推进离不开党的执政能力的提高，如果党的执政能力不强，就很难有效地推进国家治理现代化，就不能得到社会大多数成员的信任，国家治理就有可能陷入僵局、困局，甚至死局，造成严重的后果。而加强党的执政能力建设就能够有效解决国家治理的合法性和有效性等问题，确保国家治理能够获得社会认同，得到民众支持。

① ［美］戴维·伊斯顿：《政治生活的系统分析》，华夏出版社，1999 年版，第 308 页。

② ［美］戴维·伊斯顿：《政治生活的系统分析》，华夏出版社，1999 年版，第 338 页。

③ ［美］利普塞特：《政治人》，商务印书馆，1993 年版，第 53 页。

因此，在新时代全面推进国家治理现代化的历史征程中，我们只有持续加强党的执政能力建设，才能保证党的执政方向不偏移，执政地位不动摇，也才能够为国家治理现代化提供明确的方向引领和政治保证。

第二，加强党的执政能力建设有助于党有效化解社会矛盾，确保国家治理现代化的有序性。

国家治理现代化的有序推进是社会文明进步的必然要求和基本标志，是人民的最高利益所在。所谓国家治理现代化的有序性指的是国家治理过程和结果在保持社会稳定的基础上，以合法的形式，通过制度化的渠道，不断化解社会矛盾，推进国家治理理性、科学的发展。众所周知，没有稳定的政治局面，国家政治、经济、文化各方面的发展都会受到制约。邓小平曾指出，“中国发展的条件，关键是要政局稳定”①。而要实现这一点，离不开中国共产党执政地位的巩固，离不开党的执政能力的提高，“改革要成功，就必须有领导有秩序地进行。没有这一条，就是乱哄哄，各行其是，怎么行呢?”② 改革开放以来，特别是进入新时代以来，我国的国家治理现代化之路面临着纷繁复杂的风险挑战。在这一背景下，只有不断加强党的执政能力建设，从而有效应对世情国情党情的新变化，正确处理和化解各种矛盾和问题，协调社会利益的分化，有效应对社会诉求和变动，妥善应对各种突发事件，真正把广大人民群众的

① 《邓小平文选》(第3卷)，人民出版社，1993年版，第216页。

② 《邓小平文选》(第3卷)，人民出版社，1993年版，第277页。

利益协调好、维护好、实现好，把人民群众的主动性、创造性引导好、保护好、发挥好，为实现社会的和谐稳定，为国家发展提供良好的环境保证。

第三，加强党的执政能力建设有助于党充分利用社会资源，确保国家治理现代化的有效性。

国家治理现代化的有效性是指国家治理在制度化、法治化运行的基础上，充分发挥各治理主体的作用，使国家治理更加符合社会发展趋向，符合人民利益诉求。我们党作为推进国家治理现代化的核心领导力量，长期的革命、改革、建设的经历使我们党获得了丰富的历史资源、权力资源、文化资源、理论资源、组织资源等，而能否有效地开发、利用执政资源很大程度上取决于党执政能力的建设情况。一般来说，加强党的执政能力建设就能够有效地提升党和政府的运行效率，有效维系党原有的执政资源，防止执政资源的流失，而且能够促使党在新的历史时代背景下充分发掘新的执政资源，保证党执政资源的与时俱进，从而不断发展扩大党的政治动员力，保证党和人民利益的实现，减弱国家治理现代化在实现过程中所遇到的阻力，为国家发展提供不竭的动力保证。

（三）国家治理现代化与党的执政能力建设的内在契合性

对于我国而言，我国的国家治理现代化与党的执政能力之间具有高度契合性和内在统一的逻辑关系，两者都对政治体系内部各要素提出了一致要求，具有共同的目标指向和基本的价值依归。

1. 公平正义是二者一致的价值取向

公平正义，是人类社会的共同价值目标，罗尔斯曾深刻指出，“正义是社会制度的首要价值，正像真理是思想的首要价值一样”①。无论是对于我国国家治理还是对党的执政能力建设来说，追求公平正义是二者一致的价值取向。

从国家治理现代化的角度来看。“社会主义国家的建立是对资本逻辑与权力公共性主从地位颠倒的一种矫治”②，这意味着国家治理现代化根本的价值取向，就是实现社会的公平正义。因此，国家治理过程绝不仅仅止步于利用市场规律来激发社会的生产力，更为关键的是在这一基础上通过一系列政策措施实现公平正义的政治理念，“建立国家治理体系的意义，实质上是一个正确处理政治所要达到的公正和经济所要实现的效率的关系问题”③。如果国家治理背离了这一理念初衷，那么国家治理活动的合法性就将面临严重挑战。

从党的执政能力建设的角度来看。中国共产党的初心和使命决定了我们党必须要始终代表和维护人民的根本利益，使人民能够公平公正地行使权利，享受权益。因此，党的执政能力

① ［美］约翰·罗尔斯：《正义论》，中国社会科学出版社，1988年版，第1页。
② 韩冬雪：《衡量国家治理绩效的根本标准》，《人民论坛》，2014年第10期。
③ 韩冬雪：《衡量国家治理绩效的根本标准》，《人民论坛》，2014年第10期。

建设就要围绕着如何满足人民对美好生活的需要，有效维护社会的公平正义来进行。众所周知，改革开放初期，我国坚持“效率优先，兼顾公平”的原则。在这一价值理念主导下，我国经济社会的发展取得了重大成就。但同时不可忽视的是，在实践中出现了一定程度的收入差距，甚至是贫富差距，城乡教育、医疗资源不均衡等问题长期存在，这些都会在一定程度上侵蚀民众对党的信任，影响着民众对党的国家治理能力和执政能力的认可。当前，我国已经开启了全面建设社会主义现代化国家新征程，公平正义的诉求已经成为广大民众美好生活需要的重要组成部分。因此，无论是国家治理现代化还是党的执政能力建设，都要以维护社会的公平正义为根本价值指向，力求在政治、经济、社会、文化和生态等各个领域逐步促进公平正义的实现。

2. 制度完善是二者同一的内在要求

制度带有根本性、长期性、稳定性，是具有刚性约束的规则体系。追求制度的完善，是国家治理现代化的追求目标，也是加强党的执政能力的内在要求。

从国家治理现代化的角度来看。制度奠定了国家治理的基础，是实现国家治理的根本支撑，也是衡量国家治理现代化和社会成熟程度的一个重要标准。党的十九届四中全会指出：“我国国家治理一切工作和活动都依照中国特色社会主义制度展开，我国国家治理体系和治理能力是中国特色社会主义制度及其执行能力的集中体现。"① 因此，推进国家治理现代化的前提和基础就是制度的完善。

从党的执政能力建设的角度来看。现代性的政党必定是依托制度运行的政党。因而，党的执政能力建设也必然要依托完善的制度，依靠制度的约束与规范来实现。在现阶段，我国面临着一系列新问题和挑战。党的制度构建和制度执行能力还有一定不足。因此，加强党的执政能力建设，就要提升完善制度能力，这与国家治理现代化具有同一的内在要求。

3. 绩效提升是二者相同的目标追求

满足人民日益增长的美好生活需要，以持续的绩效提升保证人民的获得感，是推进国家治理现代和加强党的执政能力建设共同的目标追求。

从国家治理现代化的角度来看。国家治理现代化的初衷就是对国家治理行为进行规范，有效降低国家治理的成本，从而不断提升国家治理的绩效，实现公共利益的最大化，这是国家治理现代化的目标追求。

从党的执政能力建设的角度来看。党的执政能力强弱要通过直观的政府绩效来加以体现。所以说，加强党的执政能力建设，就必须努力提升政府绩效，既要保证经济平稳健康发展，又要注重公共服务的提供，稳步提升民众的生活质量，以满足人民日益增长的美好生活需要，这与国家治理现代化具有相同

① 《中共中央关于坚持和完善中国特色社会主义制度 推进国家治理体系和治理能力现代化若干重大问题的决定》，人民出版社，2019 年版，第 2 页。

的目标追求。

4. 民主参与是二者共同的程序诉求

民主是现代政治文明的重要标志，也是社会主义制度最根本的特征。实现民众参与是推进国家治理现代化和加强党的执政能力建设共同的程序诉求。

从国家治理现代化的角度来看。国家治理现代化的程序要求就是坚持民主治理，保障人民参与政府决策与过程的权利，从而在推进国家治理现代化过程中，始终保障人民的“选举权、参与权、知情权、表达权、监督权”。从某种意义上讲，人民群众民主参与国家治理的全过程，使人民群众真正拥有国家治理的主体地位，确保国家治理的价值导向与目标追求真正符合人民群众的愿望与要求，这是衡量一个国家治理是否符合现代化要求的重要标准和关键所在。因此，在推进国家治理现代化的过程中，要时刻保障人民群众民主参与的权利，提供人民群众民主参与的制度化途径，只有这样才能使国家治理具有程序正义，才能真正实现社会的长治久安。

从党的执政能力建设的角度来看。我们党来自人民、扎根人民，保持同人民群众的血肉联系、鱼水之情，始终是我们党立于不败之地的根基。“人民民主是社会主义的生命。没有民主就没有社会主义，就没有社会主义的现代化，就没有中华民族伟大复兴”①。这是我们的理念，也是我们的价值追求。无论

① 《十八大以来重要文献选编》，中央文献出版社，2016 年版，第 55 页。

是在革命战争年代，还是在改革建设时期，我们党始终将发展民主作为党的奋斗目标。特别是进入新时代，人民群众对民主的要求更为迫切。因此，党的执政能力的一个重要表现就是能否有效满足人民群众对于民主的要求，真正保证人民实现当家作主，“一个缺乏广泛群众参与的政党，就有可能成为一个以少数知识精英为主体的封闭群体，或蜕化为一个狭隘的官僚政客集团，甚至堕落为一个宗派组织”①。所以说，民主参与是党的执政能力建设的内在要求，这与国家治理现代化具有共同的程序诉求。

5. 党员干部的廉洁高效是二者一致的基本要求

党员干部是推进国家治理现代化的骨干力量，也是党的执政能力的直接展示者。因此，对于国家治理现代化和党的执政能力建设而言，党员干部的廉洁高效是二者一致的基本要求。

从国家治理现代化的角度来看。国家治理现代化的实现要落到每一名党员干部和国家公职人员身上，体现在他们的职业道德与专业能力上。一方面，公民与政治体系的互动直接体现为与党员干部、公职人员的互动交流，公职人员高效、专业的办公能力能够为公众带来良好的互动体验，直接影响着政府政策与服务的质量。另一方面，行政文化能够对整个社会文化产生极大的影响，党员干部和公职人员的言行、举动都直接或间接地影响着民众的观念及信仰，党员干部和公职人员廉洁奉公

① 王奇生：《党员、党权与党争——1924—1949 年中国国民党的组织形态》，上海书店，2009 年版，第 103 页。

能够营造出风清气正的政治风气进而引导良好社会风气的形成。反之，党员干部和公职人员的腐败等行为将对社会造成不可估量的恶劣影响。因此，推进国家治理现代化的顺利实施，离不开一支廉洁高效的党员干部队伍。

从党的执政能力建设的角度来看。广大党员及领导干部的形象、能力、信仰、行动等直接代表和关系着党的形象，展示着党的执政能力。因此，与国家治理现代化相类似，廉洁高效的党员干部队伍也是党的执政能力建设的基本要求。所谓廉洁是对党员干部和公职人员的基本要求，也就是要求每个党员干部廉洁奉公、遵纪守法、公道正派；而所谓高效则是要求党员干部和公职人员认真研究工作规律，努力提升业务水平，自觉更新现代治理思维，不断提高治理绩效，增强执政能力。

总之，推进国家治理现代化与加强党的执政能力建设是相辅相成的，统一于全面建设社会主义现代化强国的历史进程。我们要把握推进国家治理现代化这个重要的历史机遇，既通过推进国家治理现代化的历史进程不断加强党的执政能力建设，又通过党的执政能力不断增强来推进我国国家治理现代化的发展，从而实现二者互动双赢、相得益彰。

第三章

推进国家治理现代化是我们党长期面临的重大历史任务

推进国家治理现代化作为我们党提出的重大战略目标，不仅是基于现实国情的深刻考量，更是我们党始终面临的重大历史任务。准确把握这一点，对于我们更好地推进国家治理现代化，加强党的执政能力建设具有重要意义。

一、近代以来我国国家治理模式的现代性转型

近代以前，我国是一个传统的农业国，中华文明数千年的历史传统，使我们形成了自己独特的国家治理模式。在价值取向上，我们追求的是德政善治；在实践中，我们始终坚持的是中央高度集权的制度设计，国家治理呈现出县以上中央高度集权，县以下主要依托传统的宗法制治理的特点，中央长期保持着强大的政治权力，在国家生活中始终发挥着重要作用。

众所周知，中国从春秋战国到秦统一中国，国家治理逐渐

由分封制转为郡县制，中央对地方在赋税、度量衡、货币、文教、司法等领域实施中央集权管辖，不断巩固“中央—省郡—州府—县”行政权力体系，同时使之与基层乡里宗法礼教治理形成有效联结。这就形成了以行政治理为主导、辅之以儒家礼教的传统国家治理形态，极大地强化了民族大一统传统，最终演化为历代王朝谋求建立统一高效中央集权的政治模式和治理取向。尽管数千年的中国国家治理，曾经创造了璀璨的中华文明，然而长久以来，我国传统的国家治理始终未能摆脱封建专制的历史传统，并未发生质的变化。“近代以后，当欧美国家争相改制图强之时，中国却如同一头沉睡的雄狮，固守于宗法祖制而不自醒，与治理现代化的浪潮失之交臂。”①我们知道，中国历史发展到近代，传统农耕文明基础上的单纯的王朝行政治理模式，与西方建立在工业文明和近现代议会—政党政治模式相比，在整合社会资源、安内攘外方面已经相形见绌，也就是说传统的治理力量已经很难适应当时的时代变化和国家的救亡自强需要，无法应对新的国家危机。这种严重落后于时代的国家治理模式，在国内矛盾日益尖锐、国外列强肆意入侵的情况下，晚清政府对外战争的结局只能是屡战屡败，使近代中国陷入严重危机。正是在这样一种状态下，近代中国被迫开启了向现代国家、向现代治理模式的艰难转型过程。我国延续了数千年的传统治理模式也开始逐步被新的治理模式所替代和

① 颜晓峰：《国家治理现代化学习读本》，人民日报出版社，2014年版，第3页。

超越。

辛亥革命宣告了中国传统封建王朝的终结，中国数千年形成的传统国家治理模式也走进了历史。中华民国刚刚成立之初，在民主共和以及西方政党政治理念的促动下，中国社会呈现出了政党林立、快速发展的蓬勃景象，迎来了中国政党发展的一个高潮，一夜之间我们国家出现了数百个政党组织。人们形容这一时期“集会结社，犹如疯狂，而政党之名，如春早怒生，为数几至近百”①。“公开的党会，创于1899—1911年之间者，据初步统计，有668个，……。秘密党会为革命团体，据初步统计，创于1894—1911年者共193个。上述1911年，以10月10日武昌革命爆发为限。武昌革命爆发后，迄于1913年底，新兴的公开党会，据初步统计，凡682个。计政治类312个”②。可见，当时政党政治的勃兴，在民国初年，纷繁复杂的党争出现，使各政党的主要目光在于自身的力量和作用，而根本无暇顾及其在社会建设中的作用。

我们由此可以看到，近现代中国发生一个重大而决定历史走向的变化，就是政党组织诞生，出现了“党组织+行政权力”双重叠加的新型动员和治理模式。同时，众所周知，我们是在一种内忧外患基础上开启现代国家建设的，对于中国这样一个超大型崛起、跨越式转型、叠加式发展的后发现代化国家来说，现代化进程面临着规模大、时间紧、任务重等特点。在这

① 丁世铎：《民国一年来之政党》，《国是》，1913年第1期。

② 张玉法：《民国初年的政党》，岳麓书社，2004年版，第32页。

一状况下，政党建设与国家建设并不是对立的，政党在国家治理现代化进程中起着十分重要的原发性作用。事实上，我们中国的大一统传统与现代制度文明相结合，就需要在中国社会出现一个统一的、强大的政党组织。但民国初年这种分散的政党形态不适用于中国的国情，背离了后发国家发展的实际，无法有效地承担起整合社会资源的能力，也就无法承担起中国面临的历史任务。

实际上，最早在中国以政党来整合和推进国家治理的是中国国民党，国民党把行政权力体系与政党组织体系结合了起来，靠着这种模式与力量，凭借政治组织的优势，先后打败了各路旧军阀，基本完成了现代中国在形式上的统一。可以说，“党组织+行政权力”双重叠加新式强动员模式和体系的形成，是对以往两千多年王朝单一行政动员和治理模式的根本超越，标志着中国治理体系和模式发生了根本转变，也标志着中国从王朝帝国向现代政党领导下的民族国家的根本转变。然而从历史上看，国民党组织系统在动员战略和动员范围上还带有很大的不彻底性，缺乏强有力的组织、整合和控制社会的能力，也没能实现对国家的有效治理，其党部系统一般只设置到县一级，停留和局限在社会精英层，并没有深入到广大基层民间。我们知道，国民党统治时期，中央党政关系遵循的是“以党统政”的基本原则，而在地方层级，自“中央党部之下依次设立省党部、县党部、区党部和区分部；分别与省、县、区、乡等行政系统相对应，形成一种双重衙门体制，这是中国有史以来政治控制体制由单轨制向双轨制的重大转变”[①]。这一设置似乎层层节制，将“以党治国”理念发挥到了极致，但实际情况却是地方党部与地方政府分别自成系统，其党政关系则遵循“党政平行”“互不统领”的原则，党部在政府之外发挥作用，对此，“国民党中央明白指出：‘党权高于一切，乃指中央党权而言’，意谓地方党权不能凌驾于地方政权之上”[②]。“中央以下党的角色仅限于在最广泛意义上的宣传方面。这样的一种结果使得国民党无力去监督政府，事实上到南京十年的后期党几乎不能作为一种政治力量——200 万党员中只有 10%的成员继续在党内活动着。谈及南京时期的这些情况，根据阿瑟·扬格的观察，‘在这些年里，国民党作为国家事务中的一种因素而论，其重要性远不如政府，而且党的重要性在逐步减轻，以至于几乎变成名义上的。’”[③] 党除了在中央对政府有指导监督之职权外，在地方，党的组织不能干预地方政府，而只能以一般公众的身份协助地方政府来贯彻国民党中央所制定的政纲和政策，绝不允许直接干涉地方的行政和司法，“各级地方党部不能直接参与地方政府之行政或立法，至为明显”[④]。地方党组织

---

① 王奇生：《党政关系：国民党党治在地方层级的运作（1927—1937）》，《中国社会科学》，2001 年第 4 期。

② 王奇生：《党员、党权与党争——1924—1949 年中国国民党的组织形态》，上海书店，2009 年版，第 185 页。

③ ［美］易劳逸：《1927—1937 年国民党统治下的中国流产的革命》，中国青年出版社，1992 年版，第 350 页。

④ ［美］谢振民：《中华民国立法史》下册，中国政法大学出版社，2000 年版，第 710 页。

的职能主要是社会工作，即对民众的宣传、教育和训练工作，“例如地方自治一事，去设法实行地方自治乃政府的工作，宣传领导人民去做，使人民懂得自治的道理，乃党的责任。又如提高中国文化一事，在政府当然应当办教育、办卫生、办交通种种，但同时若有人先向人民宣传推行，使其信仰认识，这些事才能按照计划办成功，而不至于遇着障碍，那便是党的责任了”①。

这种状况的出现，进一步加大了政党游离于国家之外的程度，没有能够真正实现和保证政党对国家的控制，这实际上就剥离了政党对国家的管理和治理能力，从而在很大程度上影响和阻碍了国民党政权在社会中的作用和地位，影响和阻碍了整个社会的发展进程，使国家和社会愈加脱离了政党的控制，这也是它在政治影响力和治理能力上最终败给共产党的根本原因。“在社会各种制度和组织正在解体的时期，只有用政治团体的权力深入社会的每个角落，去重建各种组织与制度，去解决社会领域中的问题，才能一面重建国家，一面重建社会。”②

而与国民党截然不同，我们党作为马克思主义指导下的独具特色的具有高度组织凝聚力的中国现代政党，它不是代表个别人、个别群体的“部分”党，而是代表全体中国人民的整体利益党。在实践中，我们党将党组织彻底基层化，建构了一套

① 存萃学社：《胡汉民事迹资料专辑》第 2 册，大东图书公司，1980 年版，第 185-186 页。

② 邹谠：《二十世纪中国政治：从宏观历史与微观行动的角度看》，牛津大学出版社（香港），1994 年版，第 20 页。

不同于西方也不同于国民党政权的新的治理模式和治理体系。这一模式和体系上下一气贯通，强大完备，为中国社会发展和国家治理的有序运行提供了根本保证。因而，在党的领导下，我们以马克思主义为指导，立足中国大地，坚持开放包容，经历了革命、建设、改革的历史实践，逐步形成了具有中国特色的国家制度和国家治理体系，从根本上彻底重塑了国家权力与人民权利的关系属性，彻底超越了几千年的中国帝制传统，彻底改变了家天下的独裁专制历史，彻底废除了少数人拥有的特权，彻底扭转了普通民众只有义务没有权利的状况，为中华民族走向复兴提供了现代性的制度保证。

二、我们党推进国家治理现代化的历史轨迹

任何一国的国家治理，都必然经历实践探索的过程。中国共产党在推进中国发展的进程中，不断探索适合我国国情的国家治理模式，推动并实现了我国国家治理的现代化转型与发展。

1949年中华人民共和国成立，彻底结束了旧中国半殖民地半封建社会的历史，彻底结束了旧中国一盘散沙的局面，彻底废除了列强强加给中国的不平等条约和帝国主义在中国的一切特权，实现了中国从几千年封建专制向人民民主的伟大飞跃。中国共产党正式成为执政党，身份地位的转变也使我们党的主

要任务从建国转向了治国，“站起来的中国各族人民在中国共产党的领导下，承接新民主主义革命的胜利成果，巩固新生的人民政权，创造性地实现了从半殖民地半封建社会的旧社会到民族独立、人民当家作主的新社会，从新民主主义革命到社会主义革命和建设的两个历史性转变，建立起社会主义基本制度，实现中国历史上最深刻、最伟大的社会变革，为实现中华民族伟大复兴奠定了根本政治前提和制度基础”①。

当然，如何代表人民执掌政权、行使政权，如何领导人民治理中国这样一个超大型国家的历史任务就成为我们共产党人必须始终面对和持续探索的重大课题。对于如何治理国家，这是与不同时期的历史社会环境相连的，同时也是随着我们党的认识不断向前发展的。总的看来，我国国家治理的演进主要是在三个维度上展开的：行政化治理、运动式治理、法治化治理，遵循了从一元到多元、从人治到法治、从集权到分权、从管理到服务、从强制到合作、从刚性到包容的演变路径，体现了对公平至上、以人为本、和谐有序的不懈追求。当然，行政化治理、运动式治理、法治化治理三个阶段尽管有逻辑上的演进过程，但却并没有明确的时空分隔，在实践中体现着党、国家、社会相互关系的调试和变迁。

①《中华人民共和国简史》，人民出版社、当代中国出版社，2021 年版，第 1 页。

（一）基于特定国情的行政化治理

1949 年中华人民共和国成立，中国共产党执政地位得以确立，进行有效的国家治理成为中国共产党人推进现代国家建设的首要任务。我们党将马克思主义基本原理与我国的国情实际相结合，在推进现代国家的构建过程中逐步开启了国家治理现代化探索之路。新中国成立初期的一段时间内，我们在废除了旧国家制度和国家治理体系的同时，积极运用和拓展我们党在新民主主义革命时期进行根据地建设的成功经验通过了《中华人民共和国宪法》，建立了符合国情的制度体系，明确规定了国家的性质、根本政治制度、国家机构的设置等内容，为国家治理提供了坚实的制度基础，现代意义上的中国政治架构和国家治理体系逐步得以确立。但由于我国封建社会历史漫长、民主法治基础比较薄弱，加之当时我国所面临的现实国际国内环境，以毛泽东为核心的中央领导集体在这一阶段采用了的高度集权的行政化治理模式，以此来快速恢复和构建国家基本政治秩序、基本经济秩序、基本社会秩序。

这种高度集权的行政化治理模式，对社会生产资料和产品实行统一分配，生产经营活动的人、财、物，产、供、销，都要由国家统一制订计划并下达后予以严格执行。受计划经济体制的影响和决定，我们党和国家在政治、文化和社会管理领域，也实行了各种各样的管制。尤其是 1953 年之后，我们党开始在全国范围内开展了反对分散主义、反对地方主义的斗争后，同级党委也设置了与政府工作相对口的工作部门，对政府的工作进行指导和管理。1958年6月10日，党中央下发了《中共中央关于成立财经、政法、外事、科学、文教各小组的通知》。对于这些小组，毛泽东指出："这些小组是党中央的，直隶中央政治局和书记处，向它们直接做报告。大政方针在政治局，具体部署在书记处。只有一个'政治设计院'，没有'两个政治设计院'。大政方针和具体部署，都是一元化，党政不分。具体执行和细节决策属政府机构及其党组。对大政方针和具体部署，政府机构及其党组有建议之权，但决定权在党中央。"① 至此，党和政府作为国家唯一的治理主体，全方位地渗透到国家和社会的方方面面，通过详细的计划方式和行政力量，全面调控国家社会生活，配置国家社会资源。

高度集权的行政化治理模式下的典型特征就是党和政府通过单位制、街居制、人民公社和户籍制等不同形态的高度行政化的横向或纵向的组织和制度实现"条条管理""块块管理""条块结合"，建立起覆盖全社会各行各业的不同组织，通过严密的自上而下的管理将整个社会纳入组织管理之中，形成了"国家—单位—个人"管理格局。党和政府正是凭借这种完善的组织和强大的行政能力通过不同层级的组织对社会实现整合，使党和政府的行政权力能够渗透到社会的所有领域，进而

① 《建国以来毛泽东文稿》（第7册），中央文献出版社，1992年版，第268页。

按照计划配置社会资源。

在这种单向动员和高度集权的行政化治理模式下，党和政府具有超强的资源动员能力、组织能力和执行能力，高效整合了当时中国政治、经济、军事、社会等领域的有限资源，社会中的每一个个体都存在于政治、经济、文化、军事等各个组织中。但社会高度统一，就会缺乏活力，同质性高，在很大程度上使社会组织和个人很难介入国家治理，进而影响其参与国家治理的主动性和积极性。

（二）基于革命思维的运动式治理

新中国成立之初的高度集权的行政化治理模式，在当时的时代背景下适应了国家建设和社会发展的需要，体现了国家强大的整合能力，在巩固新生政权，维护社会秩序稳定，促进社会发展方面起到了十分重要的作用。但中国共产党对在一个贫穷落后的国家如何建设社会主义缺乏经验和思想准备，在分析和处理国内新的矛盾时，往往沿用过去战争年代开展阶级斗争和大规模群众运动的经验。“我们党是经过长期残酷的战争后迅速进入社会主义历史阶段的，对于如何在一个经济文化落后的国家建设社会主义，缺乏科学认识，也没有充分的思想准备。过去革命战争时期积累下来的成功的阶级斗争经验，使人们在观察和处理社会主义建设的许多新矛盾时容易沿用和照搬，把不属于阶级斗争的问题看作阶级斗争，把只在一定范围存在的阶级斗争仍然看作社会的主要矛盾，并运用大规模群众性政治运动的方法来解决”①。在这种惯性的影响下，我国的国家治理走向了基于革命思维的运动式治理。

这种运动式治理不同于常规行政化治理模式，不是一种固化的治理模式，而是基于中国共产党的政治权威，借助高度集权的行政体制自上而下发动起来，以动员基层群众参与国家治理为目标的社会改造工程，主要表现为采用广泛的群众运动和阶级动员，从而为社会发展进步提供相应的阶级基础和政治资源。它更多地体现的是国家在一种突发和紧急状态下采取的一种应急治理手段，是群众短时间内高强度积极介入政治生活一个重要途径。

这种运动式治理在中国特殊的历史阶段发挥了重要的作用，具有常规行政化治理所达不到的社会动员程度。中国共产党作为我国的执政党，革命建国的丰功伟绩以及在长期的革命战争过程中获得的超强政治权威，在其嵌入中国社会的过程中，赢得了广大民众的衷心拥护和爱戴。中国共产党通过群众运动的方式有效地推行自己的主张，在推进中国社会的发展进步过程中发挥了重要的作用。这种运动式治理在原有行政化治理的基础上，效率较高，通过对群众运动目标的宣传，党和政府积极动员，焕发起民众积极介入政治运动、国家生活的激情。在这一过程中，国家力量可以名正言顺地介入国家治理过

① 《中国共产党简史》，人民出版社、中共党史出版社，2021 年版，第 204－205 页。

程，实现既定的治理目标，重塑群众与国家、政府之间的权力运作格局及其相互关系，彰显了鲜明的中国特色，可以使国家较为便利地将自己的意志转化为群众的自觉行动，能够在短时间内实现有效的社会动员，能够有效激发群众的意识，保证国家政策的有效贯彻和实施，在我国国家治理进程中发挥了独特的作用和价值。

综上，通过对改革开放前我国的国家治理模式的分析，我们可以大体得出以下结论。1949年在中国共产党的领导下，现代化中国得以建立和逐步发展，我们党执政地位和执政权威达到前所未有的高度，在最初的几十年中，中国社会呈现出党、国家、社会高度融合的特点，我们党利用强有力的国家政权和动员能力，将整个国家统合起来，在国家治理方面主要采取高度集权的行政化治理方式和基于革命思维的运动式治理方式，通过强有力的政治权威及自上而下的管理方式，为中央各项政策有效执行提供了强大的组织支撑，最大限度地动员了社会的力量，在一定程度上能够实现社会发展所要求的稳定、高效，有力保障了政令的快速畅通和社会资源迅速整合，显示了社会主义集中力量办大事的制度优势，在特定的时间内发挥了巨大的作用，适应了当时国家发展的需要，推动了我国社会的复原和进步。

一是促进社会经济发展，实现中国经济在新中国成立初期的高速增长。一方面，依靠广泛持久的思想发动以及土地改革满足了广大农民翻身做主人的长久期待。中国共产党坚持人民在生产生活中的主体地位，激发了广大人民群众的生产生活热情。据统计，“1952年底，工农业总产值810亿元，比1949年增长77%多。”“同1949年相比，全国职工平均工资提高了70%，农民收入一般增长30%以上。”① 另一方面，在当时的背景下，党和国家控制着几乎全部的政治资源和社会资源，广泛深入的政治动员在调动人民群众生产生活积极性的同时，最大限度地整合了社会各种资源，并依照国家发展的重点将资源用于发展的关键领域。在新中国成立初期财政极度困难的时刻，中国共产党高效调配财政支出，重点进行了水利、交通运输和以煤、电、钢铁为主的工业建设。同时，面对以美国为首的西方国家的经济封锁，中国共产党在全国各条战线发起一系列爱国增产节约运动以解决建设资金不足的问题，为国家各项事业建设的稳定发展提供了重要保障。即使在“文化大革命”期间，“在党和人民的共同努力下，各项工作在艰难中仍然取得了重要进展”②。

二是在国内外形势极度严峻的情况下，获取了广大人民的政治认同，巩固了新生的人民政权的合法性基础。新中国成立初期历次政治动员过程中的宣传思想教育使党的路线、方针、政策家喻户晓、深入人心。如1951年中共中央颁发的《关于在全党建立对人民群众的宣传网的决定》就指出：“共产党员

① 《中国共产党简史》，人民出版社、中共党史出版社，2021年版，第164页。
② 《中国共产党简史》，人民出版社、中共党史出版社，2021年版，第207页。

的天职之一，就是随时随地向人民群众进行宣传”。[①] 这一方面，调动了人民群众参与政治过程的积极性，从而获得他们对政治体系的心理认同，减少了他们的疏离和对抗意识；另一方面，增强了广大群众对党和政府的了解和信任，拉近了干部与群众的距离，提高了党和政府的政治威信。

三是依靠政治动员所形成公民的责权参与意识，有效提高了大众的政治觉悟和政治参与热情，从而为实现中国社会的整体转型，建成社会主义制度创造了条件。作为中国社会形态转型的主导性力量，中国共产党所承担的是在制度不完备、国家和社会形态尚在转型的过渡时期完成社会主义三大改造的历史任务，因而“支持政治整合和前期社会改革的彻底动员必须先于新体制的制度化”[②]。通过激发、引领动员客体的积极性和参与热情，利用动员客体规模优势和群集效应，促成步调一致的大规模集体行动。而自上而下的高度集权的治理模式既保证了政治动员的组织力量，也避免了集体行动的偏差，实现了中央精神直接作用于国家建设和社会发展的全过程。

改革开放前的我国国家治理模式虽然有利于国家集中力量办大事，有利于政令的快速畅通和任务的坚决完成，但也造成了中国现代化发展结构的失衡，使党探索中国社会主义建设道路的良好开端遭受挫折。具体表现为：第一，经济结构的失

① 《建国以来重要文献选编》（第2册），中央文献出版社，1992年版，第1页。

② ［美］詹姆斯·R. 汤森，布兰特利·沃马克：《中国政治》，江苏人民出版社，1996年版，第77页。

衡。以党政权威配置资源和群众运动的方式推进经济建设，忽视经济自身发展规律性，造成了经济结构的失衡和资源的浪费。在国家工业化思路下，重工业投资比重过大导致固定资本积累与国民消费的比例不断升高，经济结构严重失衡，极大地影响了人民群众享受经济发展的成果。第二，政治结构的失衡。从政党—社会关系的角度看，这一时期国家治理的有效性取决于执政党能够广泛动员社会力量，通过政治动员引发建设激情，并以此来推行“赶超型”国家发展战略。但这种模式在实践中往往呈现出党和政府高度集权和一体化特征，影响到其他政治主体功能作用的发挥，造成政治结构的失衡。第三，社会结构的失衡。在改革开放前的国家治理模式下，政党、国家、社会高度同构，作为现代国家成长的重要基础——社会缺乏必要的自主成长空间。而制度性参与渠道的缺乏，以及动员过程的封闭性，使得普通群众很难介入动员目标制定的过程之中。这一模式也容易带来政府失灵和动员失效问题，甚至在法治不完备的情况下导致约束失灵，出现社会动荡。因此，时代呼唤新的治理模式。正如邓小平总结 1957 年以来历史经验时所指出的：“二十年的经验尤其是‘文化大革命’的教训告诉我们，不改革不行，不制定新的政治的、经济的、社会的政策不行。”①

① 《中国共产党简史》，人民出版社、中共党史出版社，2021 年版，第 215 页。

（三）基于现代民主观念的法治化治理

新中国成立后，中国共产党在执政中遇到了如何治理社会主义国家和社会的问题。在缺乏经验的情况下，曾一度照搬了苏联模式，在探索中经历了很多曲折，走了一些弯路。但“中国共产党依靠自己的力量，最终自己纠正了这一严重错误。历史再一次证明，中国人民是伟大的人民，中国共产党有能力靠自己的力量纠正错误，中国共产党和社会主义制度具有强大的生命力”①。

改革开放以来，我国社会发生了翻天覆地的变化，我国的国家治理也随之面临着从传统向现代的深度转型。这既是一个渐进发展的过程，需要传承和延续；同时，这也是一个不断跃升完善的过程，需要变革和创新。邓小平同志在“文革”结束后就曾深刻地指出：“民主和法制，这两个方面都应该加强，过去我们都不足。要加强民主就要加强法制。没有广泛的民主是不行的，没有健全的法制也是不行的。我们吃够了动乱的苦头。”② 正是在邓小平同志的主导之下，我们党不断加大民主法治的建设力度，我国的国家治理也逐步走向了基于现代民主观念的法治化治理。在这一阶段，我国的国家治理表现出以下几

① 《中国共产党简史》，人民出版社、中共党史出版社，2021 年版，第 214－215 页。

② 《邓小平文选》（第 2 卷），人民出版社，1994 年版，第 189 页。

个明显趋势。

第一，治理主体多元化倾向明显。

现代治理的核心特质是多元共治。众所周知，1949 年，在中国共产党的领导下，中国现代国家得以建立和逐步发展，全体人民牢牢团结在党的周围，推进中国社会的复原和发展。我们党强有力的政治权威及自上而下的管理方式，最大限度地动员了社会的力量，也在短时间内稳定了中国的社会秩序，推动了中国社会的进步与发展。然而，在最初的三十年中，由于国际局势和中国共产党领导革命的惯性思维，在特殊的历史时期发挥了其应有的价值和作用。党的十一届三中全会以来，伴随着国家社会的全面发展和市场经济的转型，社会面临着多元发展的内在诉求，僵化的社会体制逐步打破，社会利益主体逐步分化，社会结构分层加剧，异质性特征明显。我们党深刻认识到以往的国家治理模式存在着诸多问题，针对我国社会发展的实际状况，在保证党的绝对领导的前提下，不断承认国家社会的价值和作用，充分发挥社会各主体的治理效能，逐步释放国家社会自身的活力和需求，不断扩大公民有序政治参与，重构了党、国家和社会之间的关系，使政党能够恰当地存在于国家、社会之上。与此同时，公民个人和社会组织的独立性也逐步增强，“中国社会组织参与公共事务管理的出现，使社会组织与执政党的双向互动成为执政方式转变的一种尝试”①。在此

① 王永平等：《党的领导与社会建设》，花城出版社，2014 年版，第 143 页。

基础上，我国的国家治理从党政高度集权的单向治理向国家与社会的多元交互共治格局的转变，形成多元协同的良好局面，实现对国家事务的有效治理，促进了社会公平正义。这“不仅与纷繁复杂的公共事务相结合，而且与多元化的现代社会结构相吻合，是现代治理方式的进一步变革”①。

需要明确的是，在这个治理主体多元化倾向明显的复杂系统中，核心是中国共产党。因此，我们所说的治理主体多元化是在党的全面领导下的多元化，这是与西方国家治理的一个最大的区别。中国共产党作为最高政治领导力量，在治理世界上最大的发展中国家的过程中，创造了人类社会两大奇迹：经济快速发展、社会长期稳定。而放眼整个人类社会发展史、全球政党发展史、国际共产主义运动史、世界社会主义发展史，任何一个政党或者组织要想成为一个强有力的治理主体，离不开三个条件：理念层面的崇高信仰、实践层面的艰险考验和组织层面的自我革新。中国共产党具备这些条件，而且把这些条件利用得越来越充分。总之，党的领导是中国特色社会主义制度体系的“根”和“源”，是国家治理现代化的“心脏”和“引擎”，管根本、管全局、管长远，发挥着提纲挈领、无可替代的作用。如果没有中国共产党的领导和治理，就不会有“中国模式”的成功，那世界上的后发国家只能把西方式的现代化道路奉为圭臬，无法实现自主式的独立发展，只会持续类似陷入

① 刘涛、范明英：《以法治化推进国家治理现代化的转型路径》，《领导科学》，2014年12月上，第22-24页。

动荡不安、民不聊生的治理乱局。如果没有中国共产党的领导和治理，很难说中国的社会主义前途能够逃脱像苏联解体、东欧剧变那场多米诺骨牌式倒塌的命运，那社会主义实践必然要在黑暗中长期徘徊。因此，习近平总书记在庆祝中国共产党成立100周年大会上指出："中国共产党领导是中国特色社会主义最本质的特征，是中国特色社会主义制度的最大优势，是党和国家的根本所在、命脉所在，是全国各族人民的利益所系、命运所系。"① 所以，我们的国家治理是始终坚持党的领导，始终遵循社会主义的方向的，也就是说，我们的国家治理主体多元化是党领导下的多元化，党是我国国家治理现代化的牵引者和领航者。

第二，治理方式更加民主化。

国家治理现代化的特征之一是治理方式的民主化。众所周知，民主是现代化发展的必然趋向，民主治理是现代治理模式区别于传统治理模式的根本所在。对于我国而言，发展人民民主，让人民群众成为国家治理的重要参与者，体现了人民当家作主的制度体系。实现治理方式的民主化不仅是中国特色社会主义发展的根本目标，更是实现国家治理现代化的坚实基础。"在现代社会，民主治理既被看作是一种统治和管理方式，也被认为是一种社会组织和活动方式，因此，民主治理原则被公

① 《在庆祝中国共产党成立100周年大会上的讲话》，人民出版社，2021年版，第11页。

认为统治秩序和国家治理最为深厚的合法性基础。"① 改革开放以来，我们党不断维护和扩展公民权利，扩大公民政治表达和政治参与的渠道和途径，使广大人民不仅能够享有参与制定公共政策的权力，而且也有直接参与国家基层治理的权力，能够有效地介入到国家治理的方方面面，使我们的国家治理方式和模式更加体现现代民主的要求。特别是 2019 年 11 月 2 日，习近平总书记首次提出"人民民主是一种全过程的民主"的重要论断。在庆祝中国共产党成立 100 周年大会的讲话中，又进一步形成了"全过程人民民主"的理论概括，并将"发展全过程人民民主"作为新征程的重要要求和目标。党的二十大报告进一步指出："全过程人民民主是社会主义民主政治的本质属性"。② 全过程人民民主作为全链条、全方位、全覆盖的民主，贯通民主选举、民主协商、民主决策、民主管理、民主监督等各个环节，是中国共产党领导下人民对民主这一全人类共同价值观的理论和实践探索成果，体现了我们党对民主政治发展规律认识的深化。习近平总书记指出："我国全过程人民民主实现了过程民主和成果民主、程序民主和实质民主、直接民主和间接民主、人民民主和国家意志相统一，是全链条、全方位、全覆盖的民主，是最广泛、最真实、最管用的社会主义民

① 燕继荣：《国家治理及其改革》，北京大学出版社，2015 年版，第 40 页。
② 习近平：《高举中国特色社会主义伟大旗帜　为全面建设社会主义现代化国家而团结奋斗——在中国共产党第二十次全国代表大会上的报告》，人民出版社，2022 年版，第 37 页。

主。”① 可以说，只有在改革过程中不断推进全过程人民民主，始终坚持治理方式的民主化，我们才能最终建立一个公平正义的社会，一个人民满意的社会，真正实现人民幸福安康，实现社会主义社会的长治久安。这也是我国治理现代化的一个重要标志。

第三，治理机制更加法治化。

治理机制法治化是国家治理现代化的重要特征之一。治理机制法治化主要包括两个基本方面：国家治理体系法治化与国家治理能力法治化。一方面，国家治理体系是“一整套紧密相连、相互协调的国家制度”，国家制度只有实现法治化，上升为国家的宪法与法律层面，才具有国家强制力、普遍约束力以及强大的执行力与运行力。其中，宪法是国家治理的总章程，是国家治理体系最高的制度形式，经由宪法确认的制度具有极大的权威性与稳定性。另一方面，随着时代的不断发展，社会利益格局发生深刻变化，出现不同的利益阶层与群体，多元主体并存的社会不可避免地存在着冲突与矛盾；与此同时，民众的法治意识、权利意识不断提高，其合法权益需要法律来保护、利益矛盾需要法律来保障。在这种情况下，必须让作为社会共识最大公约数的法律在国家治理中发挥主导作用。因为在法治的保障下国家的治理就能够有效地克服单纯的行政手段带来的内在缺陷，从而为公众参与提供科学有序的通道和保障，

① 《习近平谈治国理政》（第四卷），人民出版社，2022年版，第260-261页。

更好地规范各治理主体的行为，维护国家和社会的稳定。“法治是构建有序社会最主要的手段，凭借法律这种公共权威的普遍、明确、稳定的社会规范，使每个社会成员或社会组织都受到法律的约束，并使其行为和活动都纳入法制的轨道和范围，从而来保证各种社会活动的正常有序进行。”① 离开了法治的引领和保障，国家治理现代化就很难顺利地实现。

改革开放以来，我们逐步对党、国家与社会的关系进行了调整，重新树立宪法法律至上的价值观念，在完善各类法律制度的同时，把宪法和法律作为规范和监督权力运行和国家治理的基础，治理思维也从“人治”转向“法治”，国家治理也更加突显理性、法治、共治、共享的要求，更加关注社会的公平正义。这是对我国国家治理的重大拓展，保证了国家活力和秩序的统一。

总的来说，纵观新中国成立以来国家治理现代化模式 70 多年的演变历程，我国的国家治理经历了行政化治理、运动式治理和法治化治理三个阶段。党的十一届三中全会以来，我们党和国家面临着多元化的社会结构和市场经济体制的建立发展以及国家治理行为主体的独立意识、民主法治意识和自身利益的诉求意识等不断提高的现实情况。在这种背景下，我们党和政府在推进国家治理现代化的过程中，积极纠正国家治理进程中存在的问题，正确处理了党与社会、党与国家、党与政府的

① 王永平等：《党的领导与社会建设》，花城出版社，2014 年版，第 19 页。

关系，充分调动了一切积极因素，逐步实现了从单向度的国家治理逐步走到多元主体共治和互动协商的转变，开始认识到民主法治等在国家治理中的重要作用。具体表现为：在治理手段方面，更加注重人性化、科学化、系统化、法治化，从刚性、静态、被动的管控，向柔性、动态、主动的治理转变；在治理目标方面，从单一强调维护社会稳定，向维护社会秩序、促进公平正义转变，更加关注民众的个体利益，确保人民主体地位的实现；在治理格局方面，着力突显全面共建共享的新理念，强调多元协同，共同担责、共享收益；在治理机制方面，更加注重法律制度的作用；在治理结构方面，从自上而下、单向度的垂直管理，向纵横联动、多向度的立体治理转变，从而构建起全体人民共建共享的国家治理新格局。

当然，新时代新征程，如何更好地使我国的国家治理更加适应时代发展的要求，充分发挥政府、社会团体和公民个人在国家治理中的基本作用，进一步确保我们党在国家治理现代化中的领导核心地位，进一步推动制度化治理、法治化治理步伐，从而推动政党、国家、社会的有效互动，还需要进一步地探索和实践。

三、新时代新征程推进我国国家治理现代化的重大意义

推进国家治理现代化是我们党科学认识现代化发展规律，面对复杂多变的世情、国情、党情所提出的重大战略目标，既是一项紧迫任务，又是一项长远工程，符合我国社会主义现代化建设的内在逻辑，意义重大、影响深远。

（一）顺应人类社会制度演进规律的客观要求

制度作为人类社会在长期发展进程中形成的秩序和规范，塑造着国家精神，影响着国家发展。可以说，在人类社会的发展进步过程中，最为重要的、基础性的任务就是国家各种制度的确立。但制度并不是静止的，在人类长期的文明演进过程中，人类制度演进变革从未停止。甚至可以说，人类社会的发展史就是一部人类制度文明的演进史。在不断的演进发展中，制度的权威性、公平性、合理性、有效性不断得到提升，表现出几个明显的趋势：一是从专制走向民主，使国家治理更加具有合法性；二是从人治走向法治，使国家治理更加具有规范性；三是从隐秘走向透明，使国家治理更加具有公开性；四是

从僵化走向包容，使国家治理更加具有科学性。

但人类制度文明的发展从来都是一个不断积累进化的过程，制度的演进和发展不可能一夜之间能够实现，往往要经过艰难曲折，经过长期演进。比如，我们大家熟知的英国，如果从1688年光荣革命算起，那么到英国最终确立资本主义的君主立宪制度大概经历了半个世纪的时间，而这套君主立宪制度成熟起来所用的时间就更长了。再比如，法国从资产阶级革命开始到其资本主义制度的最终确立，其间也经历了多次的复辟和反复辟。而日本则是从1868年开始进行明治维新，但直到“二战”结束后才形成了现在的体制。我们再以西方女性选举权的获得为例来看这一问题。通过下图，我们可以明显看出，无论是英国、美国、法国，其女性选举权的获得都不是一步到位的，而是经历了漫长的过程，而18岁女性选举权的获得，则无一例外都是20世纪60年代末、70年代初才实现的。

英国、美国、法国女性获得选举权情况一览表

国家	标志性文献颁布时间	女性获得选举权时间	历经时间	18岁女性获得选举权时间
英国	1689年《权利法案》	1918年（30岁） 1928年（21岁）	229年 239年	1969年
美国	1776年《独立宣言》	1920年（21岁）	144年	1971年
法国	1789年《人权宣言》	1944年（21岁）	155年	1974年

从我国情况来看，我们党在百年的制度文明探索实践中，构建了与我国国情相符合的国家制度和国家治理体系，为我国社会的发展提供了坚实的保证。当然，我们也清醒地看到，我们的制度体系并未完全成熟和定型，还需要一个长期的发展、完善过程。正如有的学者指出的那样，“1949 年中华人民共和国成立并不意味着具备了现代国家制度的运行机制，现代国家制度的建立是一个非常艰难的政治文明进步的历史过程”①。我们知道，我国封建社会历史特别长、民主法治基础比较薄弱，加之党建国家的政治逻辑、革命战争的惯性思维，使我们新中国成立之初更多的是延续革命思维，以党政高度融合的方式，依赖一元化的行政力量，从上至下单向度地实现国家治理，对于制度的依赖度不高。改革开放以来，我们党才反复强调制度的重要性，力求能够为社会多元主体提供刚性的制度规则，使治理更加有效，从而解决好制约国家发展的制度弊端问题，为国家的长治久安和未来发展提供现代的制度保障。当然，这一过程也并不会一蹴而就，我国在制度建设等方面，仍存在不少短板弱项，需要我们进一步完善和发展。正如资本主义制度发展一样，我国制度更加成熟更加定型是一个动态过程，治理能力现代化也是一个动态过程，不可能一蹴而就，也不可能一劳永逸。因此，推进国家治理现代化，这是对人类社会制度演进规律的深刻洞察，是顺应人类社会制度演进规律的客观要求。

---

① 李松涛：《从“管理国家”走向“国家治理”——民生是国家治理现代化的落脚点》，《中国青年报》，2014 年 10 月 23 日。

（二）对我国现代化建设内涵的深刻揭示

近500年来，人类社会发生的最重要的事件就是现代化。“现代化”一词从广义上讲，指的是一个国家在历史变迁过程中所经历和展现出来的经济、政治、文化、社会、生态文明等各领域的重大变革，是人类社会不可抗拒的历史大趋势，开创了人类历史的新时代。尤其是18—19世纪的工业革命使生产力达到了前所未有的水平，日益增长的工业化在实现经济现代化的同时，也使国家、社会以前所未有的剧烈程度发生变迁，国家统治的合法性从神授转移到世俗人民手中，科学取代神学并成为新的信仰对象，个人不再按血缘等级而按其成就确定身份，文化领域的世俗化，以及不断发展的城市化都是现代化的显著特点。可以说，从传统社会走向现代文明是人类文明发展进步的共同趋势，美国著名学者亨廷顿也认为，“现代化是一个多层面的进程，它涉及人类思想和行为所有领域里的变革”①。也就是说，现代化体现的是人类社会的发展进步，并不仅限于生产领域。一般来说，现代化包含两个层面：一是国家建设现代化，主要是器物层面的，包括农业现代化、工业现代化等；二是国家治理现代化，主要是制度层面的。人类现代化的历史进程充分说明：一个国家，没有经济社会方面的现代

① ［美］塞缪尔·P. 亨廷顿：《变化社会中的政治秩序》，生活·读书·新知三联书店，1989年版，第30页。

化，很难成为现代化国家；没有治理方面的现代化，同样很难成为现代化国家。

现代化进程是人类社会向前发展的普遍特征，相比之下，现代化理论则是西方中心主义下的产物，从我国现实情况来看，在不同的历史阶段，人们对于“现代化”的认识也并非完全一致。早在100多年前，孙中山在《建国方略》中就曾经描绘了那时中国所要实现的现代化：建铁路、修公路、建造世界水平大海港。1949年新中国成立，面对百废待兴的国家，面对着全国上下“一台拖拉机都不能造”的状态，我们提出的现代化目标就是建设社会主义工业国。到了1954年，我们将现代化的目标进一步细化，在第一届全国人民代表大会上第一次明确提出了未来的中国要实现“四个现代化”。从此“四个现代化”就逐步成了我们家喻户晓的现代化目标和方向。当然，“四个现代化”的内涵在我国发展的不同时期的表述也并不完全一致（见下表）。但这一内涵却无论如何变化，其核心仍然是聚焦于国家物质层面，是指“器物”的现代化，而并非一个完整意义上的现代化。事实上，在社会主义现代化进程的不断探索中，我们党深刻认识到了仅有器物层面的现代化并不是一个完整的现代化，也不是一个真正的能够持久的现代化。因此，在党的十八届三中全会上我们党正式提出了“国家治理现代化”这一命题，将制度性的目标突出了出来。可以说，从国家独立、经济富强到“四个现代化”，再到制度现代化、国家治理现代化的提出，这个目标的确定，为我国的建设发展提供了方向性的指引，这是我们党和人民重视现代化，不断求解现代化的结果，是中国现代化的崭新维度。可以说，充分反映了我们党对现代化发展规律的深刻把握，不仅标志着我们党对现代化的中国形态形成了更加科学的认识，也标志着我国现代化建设进入一个新的阶段，深刻揭示了“四个现代化”发展到一定阶段，客观上必然要求用新的制度文明和治理文明整合各项现代化，推进全面现代化。

中国共产党对“四个现代化”的认识演变

时　间	内　容			
1954 年 9 月 23 日	现代化工业	现代化农业	现代化交通运输业	现代化国防
1959 年末至 1960 年初	工业现代化	农业现代化	科学文化现代化	国防现代化
1964 年 12 月 21 日	农业现代化	工业现代化	国防现代化	科学技术现代化
1975 年 1 月 13 日	农业现代化	工业现代化	国防现代化	科学技术现代化

（三）实现中华民族伟大复兴的深远谋划

实现民族复兴，是中华民族孜孜以求的宏伟目标，是中国共产党人矢志不渝的追求。而实现民族复兴，不仅离不开经济社会的繁荣，更离不开国家制度和国家治理的现代化。这是近现代世界历史给我们的深刻启迪。纵观世界近现代历史，国家的繁荣昌盛，国家间的斗争表面上靠的是国家经济实力、科技实力、军事实力的比拼，但深层上展现的则是制度的力量、治理的优劣。纵观世界近现代历史，15 世纪以来全世界一共有葡萄牙、西班牙、荷兰、英国、法国、德国、美国、俄国、日本等 9 个国家在历史上崛起过，世界出现过四拨大国崛起的浪潮，在这 9 个国家中有 5 个国家成功崛起成为世界性的大国，也就是我们熟知的葡萄牙、西班牙在第一拨大国崛起中胜出；荷兰，在第二拨大国崛起中成为世界性大国；英国则在第三拨大国崛起中成功问鼎；美国在最近的第四拨大国崛起过程中成为当今世界唯一的超级大国。研究大国崛起的历史，可以发现，在国家治理现代化竞争中获得领先优势的国家就能够崛起和发展，而在国家治理现代化方面出现停滞和倒退的国家就容易走向衰落。比如说，英国之所以能在 18 世纪以来第三拨大国崛起竞赛中胜出，就得益于英国在国家制度和国家治理体系建设等方面均处于领先地位，从而在现代国家治理体系建设方面享有相对于竞争对手的制度优势。可以说，国家治理现代化是近现代大国崛起的引擎和动力。

近代以来，尽管无数仁人志士为了探寻中华民族复兴之路做出了巨大的努力，甚至献出了自己宝贵的生命，但中华民族仍处于贫穷落后、四分五裂、备受欺凌的状态。直到中国共产党成立，我们才真正看到了中华民族实现复兴的光明前景。一方面，我们党带领人民进行了长达28年的艰苦斗争，成立了新中国，彻底改变了人民群众的政治、经济地位、社会地位；另一方面，我们党在这一过程中也逐步探索、确立和巩固了由根本制度、基本制度和重要制度所构成的国家制度体系和国家治理体系。这一体系，是在马克思主义指导下，立足中国国情实际，有着深厚中华民族的历史文化底蕴的制度和治理体系，有着巨大的优越性，深受人民群众的认可和拥护，在实践中也为持续推进中国社会的发展，为实现中华民族伟大复兴提供了坚实支撑和保障。

历史告诉我们，只有依靠制度文明和治理文明走向繁荣昌盛的政权和社会，才能实现真正的内在强盛。对于我国而言，当前，我国已经进入实现中华民族伟大复兴的关键时期。在这一时期，我们不仅面临着前所未有的战略机遇，也面临着不容忽视、无法回避的风险挑战。

这些风险挑战，一方面体现在国内人民群众对美好生活的需要呈现出新的特点、新的要求。当前，人民群众希望党和政府更加积极主动作为，更有效保护生命财产安全；希望着力解决空气、水、土壤污染以及农产品、食品、药品安全等突出问题；希望各种涉及自然灾害、公共卫生、生产安全、社会稳定的突发事件得到更好防范和处理。

这些风险挑战，另一方面也体现在当今世界正经历着百年未有之大变局，国际格局和国际形势面临着深度调整，大国竞争博弈进入全面角力的新阶段。比如说，近年来从次贷危机到主权债务危机，从 SARS 到新型冠状病毒，从海啸到地震，从恐怖袭击到暴力冲突，接连不断的天灾人祸刺激着人类的感官；再比如，西方国家一些人固守意识形态偏见，将我国视为最大的敌人，将我国的国家制度视为对西方的最大挑战，持续加大对我国制度和治理体系的污名化的力度，妄图丑化、西化我国国家制度和国家治理体系。事实上，越是面临着这些风险挑战，越在这样的关键时间节点，越是希望和风险并存，挑战和机遇并存，成就和隐忧并存，信心和焦虑并存，就越需要我们保持政治定力，坚定必胜信心，加大改革力度，加快推进国家治理现代化，用制度威力应对风险挑战，用制度优势彰显大国形象，从而为实现中华民族的伟大复兴提供重要的保障和支撑。

第四章

国家治理现代化视阈中党的执政能力建设的现状分析

社会主义中国是在中国共产党的领导下建立的，这种党建国家的逻辑，衍生出了我国特殊的政治样态，呈现出具有中国特色的政党与国家的关系。这就决定了我们党并不是依附于国家政权的，而是国家政权的领导力量。因此，始终坚持党的领导是我国推进国家治理现代化的必然要求和根本保证，这是符合历史逻辑和现实需要的必然选择，是我们同西方国家治理方面最大的差别。

从我国国家治理现代化与党的执政能力建设的内在辩证关系来看，党的执政能力建设影响和塑造着中国特色社会主义事业的面貌，国家治理现代化也完全有赖于中国共产党执政能力的高低。如果党的自身建设好、执政能力强，就能够有效发挥社会各治理主体的作用，使国家治理的成效明显，广大民众共同享有国家治理成果。反之，如果党的执政能力弱化，则会使国家治理现代化的实现程度和效果大打折扣，甚至可能会中断国家治理现代化的进程。因此，推进国家治理现代化的前提和关键在于全面系统地加强党的执政能力建设。但党的执政能力建设是一个动态与长期的过程。现阶段，我们党的执政能力建设取得了许多阶段性成果与历史性成就，党的执政能力不断增强。党的十九大报告鲜明提出了党的长期执政能力建设这一重大命题，体现了我们党对共产党执政规律、社会主义建设规律、人类社会发展规律认识的深化，凸显了党的执政能力建设的重要性、长期性和复杂性。然而，必须承认，我们党的执政能力建设还存在一些不足，与推进国家治理现代化的要求还有一定差距，还不完全适应。这在一定程度上影响着党执政地位的稳固，也阻碍着我国国家治理现代化的顺利推进和实现。

一、国家治理现代化视阈中党的执政能力建设取得的成就

在我国国家治理现代化推进过程中，我们党的执政能力建设得到进一步发展，国家治理水平和治理能力得到显著提高。《中共中央关于党的百年奋斗重大成就和历史经验的决议》中明确指出，新时代我们党出台一系列重大方针政策，推出一系列重大举措，推进一系列重大工作，战胜一系列重大风险挑战，解决了许多长期想解决而没有解决的难题，办成了许多过去想办而没有办成的大事，推动党和国家事业取得历史性成就、发生历史性变革。党的执政能力和领导水平不断提高，还

领导中国人民在中国特色社会主义道路上不可逆转地走向中华民族伟大复兴。在国家治理现代化背景下，我们党的执政能力建设得到增强主要呈现在以下几个方面。

（一）党的意识形态统领能力得到增强，意识形态建设工作取得辉煌成果

意识形态以政治权力为基础，凭借政治权力的支持得以存在和传播，进而发挥功能。反过来，任何政治权力都会建构相应的意识形态为自己进行合法性辩护。意识形态能够为既定政治秩序提供一种合法性诠释，借助于此，政治权力就会转化为政治权威，为人们所信服。罗伯特·达尔认为，“政治体系中领袖通常维护一套持续和统一的信条，这些信条有助于说明和证实他们在体系中进行领导的合理性”①。因此，意识形态往往是通过提供一种道德上的理性说服来获得普遍支持和认同，进而使统治阶级的政治统治行为增加了合法性依据。

从政党政治来看，“意识形态在政党政治中的中心地位是无可争辩的”②。王长江在《政党现代化》一书中指出：“政党执政的基础，从根本上说，来自政党的权威，来自人们由于对政党的信赖而产生的自愿的服从。这种权威和对权威的服从，

① ［美］罗伯特·达尔：《现代政治分析》，上海译文出版社，1987年版，第78页。

② ［英］艾伦·韦尔：《政党与政党制度》，北京大学出版社，2011年版，第4页。

首先建立在一套思想理念和信仰体系之上。它为社会成员提供某种价值取向，为人们对政党的支持和服从提供理论依据和伦理依据。这套思想理念和信仰体系，就是我们通常所说的意识形态。"① 因此，一方面，意识形态能够为政党执政的合法性提供认同的思想基础。另一方面，意识形态能够协调各方面的利益关系，把分散的、异质的、多元化的不同社会群体利益整合为统一的有机整体，从而在共同信仰的基础上形成强大的发展合力，化解矛盾，促进社会发展。世界近现代政党政治发展的历史表明，重视意识形态建设的政党，能够不间断地获取民众的支持，不断巩固自己的执政，反之则渐渐走向衰落。"一个坚强有力的政党，如果没有科学的理论指导，就没有思想灵魂，就会迷失前进的方向，就会出现挫折甚至导致失败。……一个政党是否有主义，对主义是否忠诚，决定政党的生命力。"② 可以这样说，许多政党丧失执政地位，背后都隐藏着对意识形态建设的漠视。所以说，政党要善于利用意识形态这一工具来吸引和引导社会，凝聚人心，从而增强社会的凝聚力、向心力。不仅要形成与时代发展相符、与民众要求相适的主流意识形态，力求把社会大多数的利益、愿望、要求都反映出来，使自己的意识形态有包容性，能为社会大多数所接受。还要能够对社会中存在的不同思想文化观念和意识形态进行调控、引导和整合，从而确保主流意识形态的地位，致力于形成

① 王长江：《政党现代化》，江苏人民出版社，2004 年版，第 206 页。
② 刘振华：《论党的执政能力建设》，江苏人民出版社，2005 年版，第 154 页。

共同价值。“对政党来说，意识形态的根本作用之一，就是它为政党活动的合法性提供理论依据。政党的首要目标是取得政权和巩固政权。为此，政党需要一整套理论来说明这一目标的合理性。”①

我们党历来十分重视意识形态工作建设，习近平总书记指出：“意识形态工作是党的一项极端重要的工作”② 特别是在推进国家治理现代化的过程中，我们加强了党对意识形态工作的领导，意识形态建设工作取得辉煌成果，全党全国人民在思想上精神上空前团结。党的十九届六中全会通过的《中共中央关于党的百年奋斗重大成就和历史经验的决议》指出：“党的十八大以来，我国意识形态领域形势发生全局性、根本性转变，全党全国各族人民文化自信明显增强，全社会凝聚力和向心力极大提升，为新时代开创党和国家事业新局面提供了坚强思想保证和强大精神力量。”党的二十大报告也明确指出：新时代十年，“我们确立和坚持马克思主义在意识形态领域指导地位的根本制度，新时代党的创新理论深入人心，社会主义核心价值观广泛传播，中华优秀传统文化得到创造性转化、创新性发展，文化事业日益繁荣，网络生态持续向好，意识形态领

① 王长江：《中国政治文明视野下的党的执政能力建设》，上海人民出版社，2005年版，第152页。

② 《习近平新时代中国特色社会主义思想学习纲要》，学习出版社、人民出版社，2019年版，第140页。

域形势发生全局性、根本性转变。”① 具体来看：

一是持续加强理论创新。党的十八大以来，为适应时代发展的需要，以习近平同志为主要代表的中国共产党人，坚持把马克思主义基本原理同中国具体实际相结合、同中华优秀传统文化相结合，坚持毛泽东思想、邓小平理论、“三个代表”重要思想、科学发展观，深刻总结并充分运用党成立以来的历史经验，从新的实际出发，创立了习近平新时代中国特色社会主义思想，深刻回答了新时代坚持和发展什么样的中国特色社会主义、怎样坚持和发展中国特色社会主义，建设什么样的社会主义现代化强国、怎样建设社会主义现代化强国，建设什么样的长期执政的马克思主义政党、怎样建设长期执政的马克思主义政党等重大时代课题。习近平新时代中国特色社会主义思想是当代中国马克思主义、二十一世纪马克思主义，是中华文化和中国精神的时代精华，实现了马克思主义中国化时代化新的飞跃。特别是党的二十大报告提出的“六个必须坚持”，即必须坚持人民至上、必须坚持自信自立、必须坚持守正创新、必须坚持问题导向、必须坚持系统观念、必须坚持胸怀天下，从哲学高度对习近平新时代中国特色社会主义思想的世界观和方法论进行了系统阐发，标志着这一思想体系更加系统完整、严谨科学，意味着当代中国共产党人有了更具中国特色、更具时

① 习近平：《高举中国特色社会主义伟大旗帜　为全面建设社会主义现代化国家而团结奋斗——在中国共产党第二十次全国代表大会上的报告》，人民出版社，2022 年版，第 10 页。

代特征的“伟大的认识工具”。这不仅体现了我们党对理论创新的坚持，也反映了我们党高度的理论自觉与理论自信，更增强了我国社会主义意识形态的生命力，巩固了全党全国各族人民团结奋斗的共同思想基础。

二是培育和弘扬社会主义核心价值观，在利益多元化、文化多样化的大背景下，注重用社会主义先进文化、革命文化、中华优秀传统文化培根铸魂，用社会主义核心价值观引领文化建设，捍卫了我国主流意识形态的价值信仰，彰显了社会主义意识形态的本质优越性，“社会主义核心价值观为国家治理体系现代化确定主导思想和观念共识……为国家治理体系和治理能力现代化指明了方向”①。

三是提出“实现中华民族伟大复兴的中国梦”“全面建设社会主义现代化国家”等目标，体现了中华儿女的共同愿望，极具感染力、号召力，起到了凝聚全社会的“最大公约数”的巨大作用，推动了民众对主流意识形态的信任。特别是确立和坚持马克思主义在意识形态领域指导地位的根本制度，健全意识形态工作责任制，推动全党动手抓宣传思想工作，守土有责、守土负责、守土尽责，敢抓敢管、敢于斗争，旗帜鲜明反对和抵制各种错误观点，彰显了党统领意识形态能力的增强。

四是坚持意识形态工作多领域协同推进。意识形态工作并不是一项单纯的工作，而是一个综合体。进入新时代以来，我

① 辛向阳：《推进国家治理体系和治理能力现代化的三大路径》，《江西社会科学》，2014 年第 2 期。

们党从整体的视角对意识形态工作提出了新的要求，着力解决意识形态领域党的领导弱化问题，立破并举、激浊扬清，就意识形态领域许多方向性、战略性问题作出部署，无论是文艺工作、新闻舆论工作、网络安全工作、思想政治工作等都同向同行，共同承担意识形态使命，思想文化领域向上向好态势不断发展。

（二）党的制度建设能力得到增强，中国特色社会主义制度更加健全

制度作为人类社会为规范自身行为而创造的共同规矩，是现代文明的基本载体，也是人类文明发展的重要标志和衡量社会进步的主要标尺。“在经济全球化背景下，国家竞争本质上是国家治理能力竞争，而国家治理能力竞争本质上是国家制度竞争。”① 因此，国家治理现代化实质就是现代制度成长与成熟的过程。中国特色社会主义制度是党和人民在长期实践探索中形成的科学制度体系，我国国家治理一切工作和活动都依照中国特色社会主义制度展开，我国国家治理体系和治理能力是中国特色社会主义制度及其执行能力的集中体现。

在推进国家治理现代化的进程中，我们党的执政能力不断增强，完成了一系列的制度改革，推动了制度的进一步健全完

① 胡鞍钢等:《中国国家治理现代化》，中国人民大学出版社，2014 年版，第 197 页。

善，制度质量获得了显著提升，取得了一系列的成就。特别是党的十九届四中全会着眼于党长期执政和国家长治久安，系统总结我国国家制度和治理体系13个方面显著优势，对坚持和完善中国特色社会主义制度、推进国家治理体系和治理能力现代化作出总体擘画，党和国家事业焕发出新的生机活力。这突出表现在两个方面：一是立足我国国情，夯基垒台的根本制度不断完备。比如，党中央把党的领导制度明确为我国的根本制度，健全总揽全局、协调各方的党的领导制度体系，把党的领导落实到国家治理各领域各方面各环节，党的领导方式更加科学，全党思想上更加统一、政治上更加团结、行动上更加一致，党的政治领导力、思想引领力、群众组织力、社会号召力显著增强。再比如，坚持和完善人民代表大会制度这一根本政治制度。我们党创造性提出“全过程人民民主”重大理念，推动修改全国人大组织法，对新时代加强和改进人大工作作出战略部署，引领人民民主迈向全链条全方位全覆盖、最广泛最真实最管用的更高境界。同时，加强同人大代表和人民群众的联系，切实体现人民群众的利益要求；加强联系和指导地方人大工作，增强人大工作整体实效；加强人大理论和民主法治建设研究；支持和保证人民通过人民代表大会行使国家权力，支持和保证人大依法行使立法权、监督权、决定权、任免权，果断查处拉票贿选案，维护人民代表大会制度权威和尊严，发挥人民代表大会制度的根本政治制度作用。二是着眼长治久安，各领域各方面制度体系日渐完善。这些年，党的领导和经济、政治、文化、社会、生态文明、军事、外事等各领域实现历史性变革、系统性重塑、整体性重构，各方面制度框架基本确立。比如，针对错综复杂的香港问题，党中央采取一系列标本兼治的举措，制定香港国安法，修改香港选举制度，推动香港局势实现由乱到治的重大转折。总的来说，党的十八大以来，中国特色社会主义制度更加成熟更加定型，国家治理体系和治理能力现代化水平不断提高，党和国家事业焕发出新的生机活力。

（三）党的法治建设能力得到增强，中国特色社会主义法治体系逐步完善

法治兴则国家兴，法治衰则国家乱。新中国成立之初，人们被组织进了各种组织或单位，形成了中国的单位制社会。在这种模式下，任何个人必须依赖于单位才能获得成长进步及生存的条件。而国家则在单位制社会下，掌控着社会的一切资源，党习惯于用行政命令的方式进行国家治理，而缺乏法治思维的给养。这既是我们的历史传统，也是我们的体制性疾病。1986 年，《中共中央关于全党必须坚决维护社会主义法制的通知》指出，我们“历来只有‘人治’的习惯，而缺乏‘法治’的观念”。与奉行法律至上的法治相对立，人治奉行的是权力至上，表现方式是权力崇拜、唯我独尊。一切生存于这种政治生态中的人们，行为简化为追逐权力与维持权力两种，可以为了权力而不择手段。人被权力所异化，成为权力的附庸，而无

视法律规范的存在。

改革开放以来，我们党对法治建设的重视程度逐步提升，法治建设取得长足进展，党的依法治国、依法执政能力不断增强。党的十八大以来，党中央明确提出全面依法治国，并将其纳入“四个全面”战略布局予以有力推进；党的十八届四中全会专题研究法治建设问题，作出关于全面推进依法治国若干重大问题的决定；党的十九大召开后，党中央组建中央全面依法治国委员会，从全局和战略高度对全面依法治国又作出一系列重大决策部署。在实践中，我们不断完善立法体制机制，着力推进依法行政和司法体制改革，我国社会主义法治建设发生历史性变革、取得历史性成就。比如，坚持依宪治国，设立国家宪法日，习近平主席成为第一位进行宪法宣誓的共和国领导人；颁布实施《民法典》，为中国人民量身定制“权利宝典”，实现了几代人的夙愿；全面推进各领域立法工作，为全面依法治国提供坚实法治保障。《中共中央关于党的百年奋斗重大成就和历史经验的决议》指出：“党的十八大以来，中国特色社会主义法治体系不断健全，法治中国建设迈出坚实步伐，法治固根本、稳预期、利长远的保障作用进一步发挥，党运用法治方式领导和治理国家的能力显著增强。”

（四）党的推动发展能力得到增强，政府绩效得到高效、公平、健康提升

一般来说，政党执政能力最直观的表现就是经济社会的进步与发展，较好的执政绩效是政党能够长期执政的主要原因，其奠定了建构执政党利益认同的厚实基础。执政党通过国家权力对利益进行创造和分配。作为理性的“经济人”，民众即使面对组织、意识形态、领袖不符合自己要求的执政党，也会因其执政绩效对自身利益的维护，会对执政党表示一定的认同。然而，如果执政党执政过程中不能较好地履行利益代表和利益表达这个最基本的职能，损害了民众的利益，带来的结果必然是民众难以对执政党产生认同。所以说，执政党执政能力高低的一个重要体现就在于执政绩效方面。从我们党的执政实践来看，改革开放以来，我们党推动发展能力得到增强，政府绩效得到高效、公平、健康提升，特别是党的十八大以来，我国经济发展平衡性、协调性、可持续性明显增强，国内生产总值突破百万亿元大关，人均国内生产总值超过一万美元，国家经济实力、科技实力、综合国力跃上新台阶，我国经济迈上更高质量、更有效率、更加公平、更可持续、更为安全的发展之路。

第一，绩效总量显著提高，经济发展创造历史性奇迹。面对错综复杂的国际形势、艰巨繁重的国内改革发展稳定任务，我们党团结带领全国各族人民接续奋斗、攻坚克难，我国经济

发展平衡性、协调性、可持续性明显增强，迈上更高质量、更有效率、更加公平、更可持续、更为安全的发展之路，经济运行比较平稳，人民生活水平持续提高，经济总量长期处于世界第二位，对世界经济增长的平均贡献率连续多年达到30%左右，成为全球经济第一大增长引擎。尤其是面对新冠肺炎疫情的严重冲击，我国经济稳定恢复，就业民生保障有力，发展主要目标任务较好完成，成为全球率先实现经济正增长的主要经济体，彰显了我国经济的强大韧性和旺盛活力。

第二，绩效结构不断优化。在经济飞速发展的同时，我们党力求发展成果由人民共享。近年来，人民的生活水平得到不断提高，人均可支配收入实现了与GDP的同步增长；建成了世界上最大规模的社会保障体系；社会各项事业也得到了进一步发展，教育、医疗、文化、体育事业协同发展，高等教育已经进入普及化的阶段，不断提升了广大民众的获得感、幸福感和安全感。特别是千百年来困扰中华民族的绝对贫困问题历史性地画上句号，提前10年完成了联合国2030年消除绝对贫困目标，书写了人类发展史上的伟大传奇。在庆祝中国共产党成立100周年大会上，习近平总书记代表党和人民庄严宣告："我们实现了第一个百年奋斗目标，在中华大地上全面建成了小康社会，历史性地解决了绝对贫困问题，正在意气风发向着全面建成社会主义现代化强国的第二个百年奋斗目标迈进。"①

① 《在庆祝中国共产党成立100周年大会上的讲话》，人民出版社，2021年版，第2页。

第三，绩效的质量明显改善。进入新时代，我国贯彻新发展理念，不简单以生产总值增长率论英雄，推动实现创新成为第一动力、协调成为内生特点、绿色成为普遍形态、开放成为必由之路、共享成为根本目的的高质量发展。推动构建新发展格局，持续深化能源供给侧结构改革，优化能源消费结构，提高能源利用率，单位国内生产总值能耗、用水量大幅下降，天然气、水电、核电、风电等清洁能源消费量占能源消费总量持续上升，实现了经济发展与节能环保、生态建设协调推进，绩效的质量明显改善。

第四，绩效实现的过程合乎规范，具有程序正义。新时代以来，我国绩效实现过程取得了很大的成就，更加符合时代发展要求，更加符合公平正义指向。具体体现为以下几个方面：一是推行政府权力清单制度，要求政府“法定职责必须为、法无授权不可为”。保证了政府过程的规范性，有力促进了公民对政府过程信任的提升。二是进一步推动政府信息公开。2019年5月15日，新修订的《中华人民共和国政府信息公开条例》开始实施，发挥了监督政府以及保障民众知情权的重要作用。三是推动形成重大决策确定的刚性程序。党的十八届四中全会把公众参与、专家论证、风险评估、合法性审查、集体讨论决定确定为重大行政决策法定程序，这对于推进政府治理朝着更为规范的方向发展起到了重要作用。

（五）党的加强自身建设能力不断增强，党员干部的能力与素质逐步提升

党的执政能力的重要表现之一就是党员干部素质和能力的提升。因为，民众对党的执政能力提升的认可程度与党员干部的素质和能力的提升息息相关。可以说，党的执政能力是在民众与政治体系的互动过程中产生、积累，而民众对党的认可最直接地体现在公民与党员干部的直接接触过程中。因此，党员干部的队伍建设对于加强党的执政能力建设具有至关重要的作用，也是党的执政能力高低最直接的表现。在我国，中国共产党作为唯一的长期执政的马克思主义政党，没有别的什么政治力量能够代替我们党在中国社会中的地位，取代中国共产党对于国家治理现代化的领导。基于近代以来的历史逻辑和理论逻辑，人民群众对于党自身的认可、国家认同、社会主义制度认同等密切相关，所以中国共产党比其他国家政党更加需要稳固的认同。一直以来，中国共产党能够正确认识到其前途命运取决于人心向背，不断采取措施巩固和加强自身建设，力求以良好的政党形象和强大的自身建设、自我革命的能力增强民众对其的认同。尤其是党的十八大以来，我们党持续纯正党风政风，强化了党的集中统一领导，有效提升了党员干部的能力与素质，增强了学习本领、政治领导本领、改革创新本领、科学发展本领、依法执政本领、群众工作本领、狠抓落实本领、驾

驭风险本领，党的自身建设能力得到显著增强。在坚持党的全面领导上，党中央权威和集中统一领导得到有力保证，党的领导制度体系不断完善，党的领导方式更加科学，全党思想上更加统一、政治上更加团结、行动上更加一致，党的政治领导力、思想引领力、群众组织力、社会号召力显著增强。在全面从严治党上，党找到了自我革命这一跳出治乱兴衰历史周期率的第二个答案，党的自我净化、自我完善、自我革新、自我提高能力显著增强，管党治党宽松软状况得到根本扭转，反腐败斗争取得压倒性胜利并全面巩固，党在革命性锻造中更加坚强。

二、国家治理现代化视阈中党的执政能力建设面临的困境与挑战

当前，伴随着国家治理现代化的不断推进，我国取得了全方位、开创性的成就，党的执政能力不断增强。但是必须承认，当前党的执政能力与推进国家治理现代化的要求还有一定差距，需要不断提升和加强。

（一）主流意识形态的统领作用有待强化

意识形态作为“观念的上层建筑”，是一个政治体系基本价

值追求的体现。意识形态往往是通过提供一种道德上的理性说服来获得普遍支持和认同的，在帮助统治阶级实施统治行为方面发挥了政治辩护功能，进而使统治行为增加了合法性依据。“在保持整个社会集团的意识形态上的统一中，意识形态起了团结统一的水泥作用。”① 有学者就认为，“意识形态（Ideology）作为在一定经济基础上形成的人们对于世界和社会的系统的看法和见解，既是政党进行领导革命和建设是行为指南，又是政党统一民众思想、鼓舞群众斗志的有力武器”②。因此，无论是执政党还是国家治理，在这一过程中都必须要能够获得社会认同、肯定和支持，而这离不开意识形态的力量。尤其是当政党成为执政党之后，其意识形态建设是确保党的纲领、路线、政策主张在整个社会得到认同的保障，从而为动员、引导人们为了某种社会理想、社会制度和社会目标而奋斗提供巨大动力。所以说，执政党的意识形态建设能力的高低对能否稳固树立其政治权威和能否保持国家政治稳定具有极为重要的意义。

对于我国而言，意识形态是我们党实现社会控制和整合的基础，在社会发展过程中具有政治引导、利益综合、思想凝聚等多方面的功能，有助于形成社会共同的理想信念、精神合力和政治认同，为保持政治系统的稳定和政权的合法性提供有力的价值支撑。可以说，做好意识形态工作，事关党的前途命运，事关国家长治久安，事关民族凝聚力和向心力。当前，尽

① 宋惠昌：《当代意识形态研究》，中共中央党校出版社，1993 年版，第 25 页。
② 王永平等：《党的领导与社会建设》，花城出版社，2014 年版，第 215 页。

管我国在意识形态领域取得了辉煌成就，但同时也面临着一些挑战和风险。

第一，社会多元化发展使我国意识形态面临挑战。重视意识形态工作是我们党的传统，无论是革命战争年代，还是建设改革时期，我们党都始终坚持马克思主义在意识形态领域的指导地位，这是我们党能够团结带领广大人民取得革命、建设、改革成功的思想基础和方向指引。在新中国成立之初，我国社会面临着传统秩序的全面崩溃、经济发展的全面复兴、制度架构的全面重建。面对这种情况，我们党通过不断加强思想政治动员，以单向度、扁平化、高强度、全领域的灌输模式进行，以意识形态的力量凝聚起民众的巨大力量，激发了广大人民积极投身社会主义建设的热潮。改革开放以来，中国社会发生了巨大变化，伴随着全球化进程和我国社会主义市场经济体制的形成，我国社会结构多元趋势明显，伴随而来的就是广大人民的思想观念、价值理念、思维方式都发生了深刻变化，个体意识逐步复苏和增强，展现出较强的独立性，人民的日常社会生活与政治生活充满着理性的计算，追求以最小的投入换取最大的收益。他们看重的是行动的有效性，关注短期的物质利益而忽视长期的、更高层次的价值理性。与此同时，各种社会思潮的冲击、理想与现实不同程度的反差，这些都导致了社会思想和价值取向日趋活跃，给意识形态工作带来挑战。

第二，全球化的深度扩展使我国意识形态面临挑战。当前，世界全球化发展趋势明显，各国之间的联系越来越紧密，在这一过程中，世界范围内各种意识形态在全球范围内进行着互动、交流和碰撞，不同意识形态之间的交锋变得日益激烈，这就不可避免地对处于全球化进程中的我国意识形态工作带来影响和冲击。与此同时，一些西方发达国家，为了西方分化我国，也着力从意识形态领域着手，依靠其占据的经济优势、科技优势以及网络舆论优势等，不断强行输入西方意识形态，试图通过意识形态的斗争扰乱我国发展进程，削减党执政合法性，扰乱人民群众对我党治理体系和治理能力的信任度。例如，近年来，社会中套用西方经济发展方式，认为经济、文化、社会领域用不上马克思主义，思想文化界、大众文化领域甚至出现“去政治化”等现象；“普世价值”论、“民主社会主义”论、西方“宪政民主”等错误思潮沉渣泛起，“政治转基因”“文化冷战”等愈加猖獗，有的甚至以反对马克思主义为噱头，致使意识形态领域斗争越发激烈。

第三，互联网时代的到来使我国意识形态面临挑战。在传统传媒时代，我们党能够有效把握舆论导向，大众媒介中的信息大多数都能体现主流意识形态的价值。但是随着互联网时代的到来，大众信息交流模式已经由“点对点”“一点对多点”转变为“多点对多点”的多样化自由交流模式，人们在网络上自由地发表自己对政治体系认同或是质疑的见解，这就在一定程度上挤压着我国主流意识形态的传播空间，影响着我国主流意识形态的传播效度，势必会造成我国主流意识形态影响力的降低。特别是网络的开放性、适时性、复杂性、虚拟性等特质给人们的思想观念、价值追求、行为方式、生活习惯等方面带来深刻影响的同时，也会产生一些虚假造谣、恶意中伤信息的传播，为敌对势力提供了便利的技术条件。此外，互联网时代带来的信息的碎片化、情绪的非理性化、公民的个性化、联络的全球化等特点也冲击着我国主流意识形态的认知体系，影响甚至改变了主流意识形态的权威地位。具体来看：

第一，互联网的隐匿性特征容易造成民众非理性行为的出现。互联网打破了传统的传播壁垒，在社会中形成了多中心、碎片化的网络生态情境，使原有的信息传递方式发生了质的改变，为民众提供了便利的信息获取和舆论表达平台。但在虚拟的互联网社会中，人们的网络身份是随时可以变化的，有时甚至仅以代号出现。由于网络世界与现实社会的互动频繁，互联网的这种隐匿性特征在激发民众用网热情的同时，在实践运行中也容易带来民众由于身份虚拟所造成的一系列随意性、无序性、非理性甚至是违法的行为。在虚拟网络社会中，人们很容易忘记现实社会中真实的身份、道德、法律约束，习惯于网络盲从和网络无意识参与，甚至有少数人利用网络的匿名性，在网络发言或信息发布过程中，肆意散布一些有害信息。有的甚至为了吸引眼球、获得关注，以虚假、夸张的手段在网络上哗众取宠。还有一些别有用心之人通过使用替代字、拼音、使用空格及标点等方式规避屏蔽信息，使互联网信息面临着失序和失控的危险，不仅影响主流意识形态的传播，而且在这些有害甚至反动信息的鼓动诱惑下，容易引起普通民众对自身处境的不满，对现有国家治理体系产生质疑或不信任，极易出现价值观念和公众理想的崩塌。

第二，互联网的娱乐性特征容易带来网络内容的低俗化。互联网的重要功能之一就是不断满足人们日益增长的文化娱乐需要。但当人们过度去追求娱乐的时候，互联网的内容就会为了迎合人们这种需求，而变得更加世俗，甚至为了吸引人们的眼球而出现一些色情、暴力和反动的信息，呈现出网络内容功利化和低俗化倾向。这种倾向给广大民众特别是青少年的成长带来严重的负面影响，对人们的思想道德造成冲击和损害，也在很大程度上消解着民众对传统政治、文化等方面的关注和对社会事务的参与热情，侵蚀着中华民族赖以生存的根和魂，使我国长期形成的历史优秀文化和传统道德体系在网络面前变得不堪一击，在没有硝烟的网络斗争中侵蚀我国的文化自信，"网络所建构的是一个无边界的社会，它不仅在侵蚀着国家的地理疆界，也在侵蚀着民族的文化传统"①。

第三，互联网的交互性特征容易使民众行为集聚性增强。互联网的交互性特征使人们之间的联系变得便捷和简单，任何一个团体和个人，都有可能成为新信息的来源。这种去中心化的传播效应能够短时间内将一件事情成几何倍数地放大和扩散。当前，随着我国网民数量的增加，网络信息的泛滥，不同群体对于同一问题的解答可能存在着差异，导致民众对于事件

① 邬志辉：《教育全球化——中国的视点与问题》，华东师范大学出版社，2004年版，第178页。

真相无法辨识清楚，使信息甄别难度加大。而普通民众在网络不明信息的煽动下，可能会对一些事件的真相产生误读，甚至一些事件有可能会被无限放大，衍生出诸多新的子议题，产生联动效应，有的网络舆情能够在短时间内发展成全国性的新闻；有的单领域问题可能会发展成多领域的舆情需求，可能会在短时间内引起民众过激的行为反应，聚集起巨大的力量，带来现实生活中的非理性集体行动，造成较为严重的社会后果。根据近些年对一些群体性聚集事件和聚集上访事件的分析来看，网络对这些事件的诱因成为主要的助推因素和幕后黑手。

第四，互联网的全球性特征容易使互联网治理面临国际合作困境。国家有国界，但互联网威胁无国界。当前，互联网打开了世界各国相互交往的新通道，但在看似杂乱的互联网信息和分散的话语权背后，往往会隐藏着世界不同文明的较量，始终存在着难以调和的各种国家利益、群体利益的矛盾以及世界不同的文化习俗、法律规范等方面的冲突，"在网络空间成为第五维疆域以后，网络空间安全威胁已经上升为主权国家第一层级的安全威胁"①。尤其对于我国而言，在互联网运行过程中国家间利益的冲突、法律的冲突、文化的冲突等都在互联网上有不同层次和程度的显现，使互联网成了社会矛盾呈现的新领域。西方一些敌对势力和一些别有用心甚至隐藏着政治目的、政治诉求的人或利益群体利用全球互联网根逻辑域名服务器不

① 郑必坚：《网络化大潮与中国和平发展的新机遇》，《人民日报》，2016 年 11 月 25 日。

在国内的现实情况，通过技术、金钱等优势妄图通过网络左右我国社会的司法公正、政策制定，不断通过互联网对我国进行意识形态的渗透和攻击，妄图实现颠覆和动摇我国社会主义制度、左右人们思想的目的，出现所谓网络暴力、网络推手、网络黑社会等不良的网络现象，呈现出破坏舆论环境、侵犯个人隐私、侵蚀主流意识形态等倾向。

（二）中国特色社会主义制度建设仍需完善

现代政治学普遍认为，刚性的制度是民族国家成长的重要动力，在国家的发展进程中起着根本性的作用。亨廷顿曾指出，"政治上的首要问题就是政治制度化的发展落后于社会和经济变革"①。"制度化程度低下的政府不仅仅是个弱的政府，而且还是一个坏的政府"②。"没有强有力的政治制度，社会便缺乏去确定和实现自己共同利益的手段。创建政治制度的能力就是创建公共利益的能力。"③ 因此，制度建设作为现代国家的重要标志和核心要素，是一国发展的基础，在很大程度上决定着社会发展和国家治理的方向、速度和质量。在当代中国，随着经济和社会的持续发展，我国政治制度建设已取得了重大

① ［美］塞缪尔·P. 亨廷顿：《变化社会中的政治秩序》，生活·读书·新知三联书店，1989 年版，第 5 页。

② ［美］塞缪尔·P. 亨廷顿：《变化社会中的政治秩序》，生活·读书·新知三联书店，1988 年版，第 26 页。

③ ［美］塞缪尔·P. 亨廷顿：《变化社会中的政治秩序》，生活·读书·新知三联书店，1989 年版，第 23 页。

进展。

党的十九届四中全会审议通过的《中共中央关于坚持和完善中国特色社会主义制度、推进国家治理体系和治理能力现代化若干重大问题的决定》全面总结党领导人民在我国国家制度建设和国家治理方面取得的成就、积累的经验、形成的原则，重点阐述坚持和完善支撑中国特色社会主义制度的根本制度、基本制度、重要制度，部署需要深化的重大体制机制改革、需要推进的重点工作任务，回答了"坚持和巩固什么、完善和发展什么"这个重大政治问题，并提出了进一步完善制度建设的要求。

一方面，制度体系还需完善。完善的制度是国家治理现代化的核心和根本，也是中国共产党维护自身执政地位的重要保障。在现阶段，我国现代国家制度体系还有很大的完善空间。习近平总书记指出："在实际工作中，必须突出坚持和完善支撑中国特色社会主义制度的根本制度、基本制度、重要制度，着力固根基、扬优势、补短板、强弱项，构建系统完备、科学规范、运行有效的制度体系。"① 具体来看：

一是部分制度设计不够科学合理。由于多种因素的限制和影响，我国的一些具体制度在设计过程中存在着不够科学合理，导致制度在落实时遭到一定的阻力，影响到制度权威的发挥。

二是部分制度之间存在衔接不够、协调不力的现象。一些

① 《习近平谈治国理政》(第3卷)，外文出版社，2020年版，第127页。

制度在制定时缺乏顶层设计，导致不同部门制定的制度有时出现相互冲突的现象，破坏了制度的权威性，也影响了制度的有效性。

三是部分制度更新不及时。随着社会的发展变化，原来的一些制度已经不适应现实的需要，与此同时，时代的发展带来了新的问题，必须及时建立新的制度对出现的新问题新情况进行规范和管理，不得不承认，我国在制度更新方面仍有很大的完善发展空间。比如，公民参与的制度规范与规则体系仍存在滞后于实践或缺乏针对性的问题。虽然各级政府都有关于公民参与的规范性文件，但是对于公民参与人员、程序、组织以及责任主体等却缺乏规定性，这也是公民参与效果不佳的重要原因。

另一方面，制度执行力有待提升。制度优势是一个国家的最大优势。我们常说，没有好的制度，国家难以实现善治。但有了好的制度如果不去落实、不去执行，那么制度就如同虚设，不仅会使治理绩效受到影响，甚至会影响到人民群众对党的信任和拥护。因此，制度执行力的高低直接决定了制度效能的发挥与制度价值的实现。制度与制度执行两者相辅相成，共同构筑起政治信任的坚强支撑。从我国的现实情况来看，改革开放以来，尤其是党的十八大以来，我国的制度执行力得到显著增强。但同时，在制度执行方面仍存在着不少问题，比如存在着替换性执行、选择性执行、象征性执行、敷衍性执行等现象，制度执行效果与制度预期存在差距。这些在制度执行方面存在的问题，既有制度执行主体的问题，也反映了执行监督体系的不足；既暴露了政治体系自身的弊病，也折射出整个社会制度文化的缺失。以上种种都折损了制度的功能和作用，不利于党的权威和党的长期执政能力建设。因此，提升制度执行力是当前加强党的执政能力建设的关键环节。

（三）中国特色社会主义法治建设还需提高

著名政治学家亚里士多德曾指出：法治是优于人类欲望和情感的统治，认为“法律恰恰正是免除一切情欲影响的神祇和理智的体现”①。党的十八大以来，我们党运用宪法和法律领导和治理国家的能力显著增强，社会主义法治国家建设进入新境界。但同时我们在法治建设上还存在不少问题，面临着诸多矛盾和问题。一是在立法方面，还存在着质量、效率低下等问题，有的解决问题的实效性不强，有的可操作性不够，甚至还有的法律法规不能很好地反映人民群众的利益诉求。二是在执法领域，在少数地区、少数部门和个别领域还存在着执法不严、违法不究等问题，一些地区或部门有了法律而不实施、束之高阁，或者实施不力、做表面文章，还有的地区或部门法外设定权力，存在权力寻租、权力滥用等情况。三是在司法领域，司法行政化以及司法不公、司法公信力不高等问题也有表现。四是在法律建设的系统性、整体性，与其他领域的协同性

① ［古希腊］亚里士多德：《政治学》，商务印书馆，1965年版，第169页。

等方面也存在不少不足。这些问题的存在不仅影响了法律的权威，同时也影响了党的执政能力建设和国家治理现代化的推进。

（四）党的执政绩效面临新的挑战

政党执政能力最直观的表现就是有效推动经济社会的进步与发展。因此，可以说，较好的执政绩效是政党能够长期执政的主要原因。“政党只有尽可能地反映公民的政治意愿和政策选择，并建立在民众公意的基础上，它才具有作为合法执掌国家权力的依据，也才具有执政的合法性。”① 当前，中国特色社会主义进入新时代，我国社会主要矛盾已经转化为人民日益增长的美好生活需要和不平衡不充分的发展之间的矛盾。越来越多的人民主要关心的已不再是简单的物质增长，而是生活的质量。人民衡量政府绩效的标准也不仅仅单纯停留在经济增长方面，而是有了更高的追求，更加关注政府绩效结构的优化及绩效实现的合理化。习近平总书记指出“江山就是人民、人民就是江山，打江山、守江山，守的是人民的心。中国共产党根基在人民，血脉在人民、力量在人民”②。但与人民群众的需求相比，我们党在执政绩效方面还存在以下问题。第一，绩效提升过程中存在创新能力不够强的问题。尽管目前我们国民生产总

① 王永平等：《党的领导与社会建设》，花城出版社，2014 年版，第 40 页。

② 《在庆祝中国共产党成立 100 周年大会上的讲话》，人民出版社，2021 年版，第 11 页。

值稳居世界第二位，也长期保持着较为稳定的发展速度。但是从总体上来看，仍然是大而不强，快而不优。而且伴随着经济的发展，我国人口、资源、环境等方面的压力逐渐加大，必须要以创新驱动来加速推动我国经济社会的高质量发展。第二，存在绩效成本与代价过高、环境污染与资源浪费的问题。虽然这些年来我国经济发展速度始终保持着良好的趋势，人民群众对美好生活的向往特别是民众物质生活水平逐步提高，但环境问题和资源过度使用的问题仍未得到根本解决。我们知道，长期以来我们的经济发展采取的是粗放型的经济增长方式，这就在很大程度上对环境、对资源都产生了一定程度的影响，不利于经济社会的可持续发展。第三，存在绩效结构不完全合理、社会利益格局失衡的问题。作为掌握国家权力的执政党，尤其是在执政初期或者重大改革实施之际，其执政绩效往往更加偏向于关注国家整体经济的发展。邓小平曾指出，“我们的政策是让一部分人、一部分地区先富起来，以带动和帮助落后的地区，先进地区帮助落后地区是一个义务”①。在这样的制度设计下，整体国民经济得到快速发展。然而对于民众而言，国家整体经济发展的确能够给他们利益获得创造更好的环境，但他们更加关心的是自己生活水平能否得到不断提高，能够公平公正地享受到改革发展带来的成果。当前，我国经济社会发展不平衡不充分的问题并未从根本上得到解决。这就会使一部分人产

① 《邓小平文选》（第3卷），人民出版社，1993年版，第155页。

生了相对剥夺感，幸福感降低，影响到其对国家治理效果和党的执政能力的认可。

(五) 党的自身建设有待进一步提升

在中国，中国共产党作为唯一的长期执政的马克思主义政党，没有别的什么政治力量能够代替我们党在中国社会中的地位，取代中国共产党对于国家治理现代化的领导。一直以来，中国共产党能够正确认识到其前途命运取决于人心向背，不断采取措施巩固和加强自身建设，力求以良好的政党形象和强大的自身建设、自我革命的能力增强民众对其的认同。尤其是党的十八大以来，我们党更加重视自身建设，纯正了党风政风，强化了党的集中统一领导，党的自身建设能力得到显著增强，但事实上与党所承担的历史任务相比仍有许多不足，与人民群众的期待还有一定差距。

一方面是部分党组织履行主体责任不力。西方许多政党并没有严密的组织体系，各级组织具有一定的自主性和独立性，这样的制度设计致使党组织较为分散，政治凝聚力不强。与此相对的是，中国共产党组织内部关系紧密，上下级组织存在领导与被领导关系，比如“四个服从”[①] 是中国共产党组织的基本要求。这样的好处是整个组织凝聚力执行力较强，但反过来

① “四个服从”即党员个人服从党的组织、少数服从多数、下级组织服从上级组织、全党各个组织和全体党员服从党的全国代表大会和中央委员会。

说如果某一级党组织出现懈怠推诿等问题，带来的将是整个组织及其下级组织的运行低效，而民众将由此及彼，可能对整个政党组织难以产生认同。因此，在全面从严治党推进过程中，每一级党组织肩负的责任都至关重要。然而，当前部分党组织主体责任落实得并不好，部分党组织责任追究不力，问责力度不够大，失责必问还没有形成常态，一级抓一级、层层抓落实的工作格局还没有完全形成。剖析这种状况，能够发现部分党组织履行主体责任不力，主要有几方面表现：一是责任意识树得不牢。对于全面从严治党这项工作，部分党组织尤其是个别领导干部，不能主动承担，习惯于推诿扯皮、明哲保身，不愿得罪人。二是责任分工不明确。对于主体责任，有些党组织没有按照党组织、主要负责人、分管成员进行责任细化，致使工作空对空，难以有效落实。三是监督机制不健全。对于何时监督、谁来监督、监督什么内容、可能出现的结果以及相应的措施还不健全，致使监督效果难以达到。四是责任追究不到位。对于发生的问题，习惯于大事化小，抑或对追责对象不进行细分，难以形成责任追究的震慑效果。

另一方面是少数党员领导干部管理不严。党员领导干部是党的各项活动的组织者和领导者，对党组织的团结和党员的凝聚具有重要作用。从政党发展历史来看，任何政党中一名品行端正、实绩突出、魅力十足的领导者，无疑会赢得民众的好感和支持。因此，我们说一个政党能够赢得广大民众的认同，党员领导干部的形象起着十分关键的作用。因此，对党员领导干部的管理就成为政党自身建设中的关键环节。世界上许多国家都有自己的成功做法，但其中的共同点均指向严明纪律、严格管理。新加坡人民行动党虽然将党员分为预备党员、普通党员、预备干部党员和正式干部党员，但始终坚持严格管理，规定不论级别高低，均没有特权，一旦发生问题或犯法行为，均一视同仁。正是这种严明的党纪，助推人民行动党从 1959 年在新加坡上台执政，一直持续至今。从当前的情况来看，大部分党员领导干部对于严的措施、严的纪律，心有所畏、言有所戒、行有所止，法治意识、制度意识、纪律意识较为牢固。但是，还是存在一些问题，少数党员领导干部从严管理落实得不够好，管理失之于宽、失之于松、失之于软的问题依然存在。这些都是人民群众最痛恨的现象，也是我们党面临的最大威胁。

当前少数党员领导干部管理不严的具体表现为以下几个方面。一是理想信念淡化。有的党性缺失，不能坚定马克思主义信仰，为人民服务的宗旨意识淡漠，拜金主义作祟，享乐主义滋生；有的面对原则性问题，缺乏斗争精神、不敢亮剑；等等。二是违规违纪频发。有的漠视党规党纪，搞上有政策、下有对策，权力寻租、潜规则横行；有的为人民服务宗旨淡漠，还有一些党员干部的家风败坏等。三是腐败问题频发。腐败问题是人民群众最痛恨的现象，也是我们党面临的最大威胁。在当前推进国家治理现代化的背景下，我们党坚持从严从实管理党员干部队伍，实现政治生态的重塑重建，增强了民众对党员干部的信任与信心。尤其是对于反腐败斗争而言，我们党始终坚持全覆盖、无禁区，不敢腐、不能腐、不想腐一体推进，“打虎”“拍蝇”“猎狐”多管齐下，反腐败斗争取得压倒性胜利并全面巩固，然而，在我们党长期执政、全面领导的前提下，我们党员干部时刻有被腐蚀的危险。有的失职渎职，工作作风漂浮；有的贪图享乐，利用职权主动索取或非法收受财物；有的道德败坏、目无法纪，充当黑社会组织的“保护伞”，肆意侵害人民群众的合法权益等。这些问题背后指向的是干部教育培训效果不好、质量不高，干部监督检查落空，干部选拔任用难以做到公平公正等原因，致使对少数党员领导干部的严格管理流于形式、难以落实。

第五章

国家治理现代化视阈中加强党的执政能力建设的实践路径

党的十九届四中全会提出了坚持和完善中国特色社会主义制度、推进国家治理体系和治理能力现代化的总体目标。实现这一目标，必须着力加强党的执政能力建设。因为在中国特殊的政治母体下，我国国家治理现代化与党的领导之间具有高度契合性和内在统一的逻辑关系。社会主义中国是在中国共产党领导下建立的，这种党领导人民建立国家的逻辑呈现出具有中国特色的政党与国家关系。我们党不仅在国家建立、发展过程中起着关键的作用，而且在推进国家治理现代化的进程中也始终处于核心领导地位，是实现国家治理现代化的根本保证，决定和彰显着国家治理现代化的水平和状态。

一、强化执政意识，提高党的意识形态统领能力

意识形态统领能力是执政党执政能力建设中的一项十分重

要的内容，反映着执政党执政能力的强弱。党的二十大报告指出："意识形态工作是为国家立心、为民族立魂的工作。"①一般来说，意识形态在社会运行和国家治理中的作用十分巨大，是执政党凝聚人心、获得认同、确保政权合法性的重要工具，而且能够起到重要的整合作用，持续为政权的稳固和平稳运行提供不竭动力。没有意识形态的认同，党的执政基础就可能动摇。

当代中国，伴随着社会的不断发展进步，人们利益意识、权利意识、参与意识等逐步复苏，人们的思想观念发生了深刻变化，在很大程度上引起了人们价值观的冲突与矛盾，使我们党的主流意识形态面临挑战，国家治理难度逐步加大。因此，我们党必须要有效应对意识形态领域呈现的复杂局面，不断提高意识形态的供给和统领能力，从而使社会更加具有向心力，凝聚力。

（一）要始终坚持马克思主义在意识形态领域的指导地位

从人类历史发展来看，每一个时代统治阶级的意识形态都是占统治地位的意识形态。我们党作为用马克思主义武装起来的无产阶级先进政党，是中国社会唯一的执政党。在长期的执

① 习近平：《高举中国特色社会主义伟大旗帜　为全面建设社会主义现代化国家而团结奋斗——在中国共产党第二十次全国代表大会上的报告》，人民出版社，2022年版，第43页。

政过程中，我们党能够团结动员全国各族人民为了理想目标共同奋斗，并在实践中得到人民的衷心拥护和认可，其中的一个重要因素就是我们党始终坚持马克思主义的指导地位，始终用发展着的马克思主义来指导中国的革命和建设，从而使广大民众充满信仰的激情。美国学者丹尼尔·贝尔曾指出："意识形态这个术语处理的是这样一些社会运动，他们千方百计动员人们实现这些信仰而奋斗。"①

对于我国社会而言，我国发展的基础、我国推进国家治理现代化的思想基础就是马克思主义意识形态，这是我们社会意识形态的灵魂和主体。党的二十大报告指出："马克思主义是我们立党立国、兴党兴国的根本指导思想。"② 因此，在国家治理现代化目标任务下，着力推进意识形态教育，充分发挥意识形态具有的正向表达和支持等功能，为广大民众提供一套符合时代特征和马克思主义基本规律的价值体系，并以此统合社会、组织社会，保证分化的利益主体采取一致行动，实现对多元社会的整合和引导，是我们加强党的长期执政能力建设的重要路径。列宁曾深刻地指出"没有革命的理论，就不会有革命的运动"③。邓小平也曾指出，"对马克思主义的信仰，是中国

---

① ［美］丹尼尔·贝尔：《意识形态的终结》，江苏人民出版社，2001 年版，第 506 页。

② 习近平：《高举中国特色社会主义伟大旗帜　为全面建设社会主义现代化国家而团结奋斗——在中国共产党第二十次全国代表大会上的报告》，人民出版社，2022 年版，第 16 页。

③ 《列宁专题文集·论无产阶级政党》，人民出版社，2009 年版，第 39 页。

革命胜利的一种精神动力”①。所以说，当前在推进我国意识形态建设过程中，我们必须始终坚持马克思主义的指导地位，这是我们党提高意识形态统领能力的首要任务。为达到这一目的，一方面，必须着力要将马克思主义教育，特别是习近平新时代中国特色社会主义思想的学习教育放在突出的位置，通过科学的机制、有效的手段，充分发挥课堂、报刊、网站、出版物等阵地优势，将马克思主义的教育渗透到我国社会的各领域、各部门、各环节，保证马克思主义指导地位的不动摇，从而达到政治认同的目的，始终确保党的执政地位不动摇，始终能够引领中国社会朝着社会主义方向胜利前进。另一方面，在涉及大是大非问题，牵涉政治原则问题、意识形态工作上绝不能含糊其词，更不能退避三舍，而是要敢抓敢管、敢于亮剑。坚持在重大政治原则和大是大非问题上净化“噪音”“杂音”，弘扬主旋律，传播正能量。

(二) 要提升主流意识形态与民众现实需要的契合度

随着改革开放与市场经济的发展，民众的个体功利化倾向在不断消解意识形态在政治价值信任建设中的功能，相较于未来的美好价值愿景，他们更倾向于追求短期的利益。我们知道，广大人民群众会在社会实践中自发地产生一种群体要求和

① 《邓小平文选》(第3卷)，人民出版社，1993年版，第63页。

意识，这种群体要求意识在一般情况下是与主流意识形态并非完全一致的。产生这种不一致的原因主要在于以下两个方面。一是群众对社会客观现实发展的一般规律和人类历史演进逻辑的理解与把握可能是不准确与不全面的。二是群众的群体意识更多的是建立在其自身最需要的需求或是短期的利益基础上，而主流意识形态则更多地着眼于长远、根本利益。而一种意识形态只有具备理论权威，才能赢得社会大众的广泛认同，也才能拥有维持与延续的力量。而意识形态的理论权威取决于理论自身的说服力与感染力，“理论只要说服人，就能掌握群众；而理论只要彻底，就能说服人”①。

所以说，面对社会中不同群体形成的不同利益诉求和价值诉求，此时，主流意识形态如果不能有效回应民众的各种诉求，那么，主流意识形态的说服力、影响力就会下降，甚至社会的稳定和正常发展都有可能受到一定程度的影响。

因此，在这一过程中，我国的意识形态必须要立足于社会现实，注重提升主流意识形态与广大民众现实需要的契合度，注意平衡群众的现实利益与长远利益的关系，要结合执政规律和时代特征，结合社会发展的基本国情和国内国际基本时局而不断发展，“大凡成功的意识形态必须是灵活的”②。其中首要的就是站稳人民立场。立场决定观点、方法。只有站稳人民立

① 《马克思恩格斯文集》(第1卷)，人民出版社，2009年版，第11页。

② ［美］道格拉斯·诺斯：《经济史中的结构变迁》，上海三联书店，1995年版，第58页。

场，我国的意识形态才能始终坚持为人民服务的方向，着眼群众期待解疑释惑、阐明道理，关注人民的实践、维护人民的利益、满足人民的需要。要以促进社会发展进步、满足人民群众的需要、实现人的自由全面发展为目标，有效借鉴和吸纳中华文化和人类文明的优秀成果，把马克思主义基本原理同中国具体实践相结合，实践告诉我们，中国共产党为什么能，中国特色社会主义为什么好，归根到底是马克思主义行，是中国化时代化的马克思主义行。因此，新时代新征程要着力使党的意识形态能够随着时代的发展不断做出调整，积极回应人民群众关注与关心的问题，使意识形态随着时代的发展不断变化和调整，不断赋予马克思主义和社会主义意识形态新的时代内涵，形成符合人民群众对于美好幸福生活新期待和新追求的理论价值体系，使其更加适应社会的发展，增强其吸引力和影响力，从而提高广大民众对主流意识形态的认可程度，更好地为我们今天推进国家治理现代化提供强大的思想保证、精神动力和智力支持，更好地指导实践、取得实效。

（三）要丰富创新主流意识形态话语体系

众所周知，意识形态作为一种深层和持久的内在力量，承载着人们的思想追求和精神寄托。尤其统治阶级的主流意识形态是政治体系中政治价值的反映，其价值性话语有助于民众形成价值信任和情感认同，进而有效地维护统治阶级的统治地位，有着重要的价值意义。但主流意识形态能够被人们认可和接受，首先就需要拥有有效的手段加以传播，从而取得事半功倍的效果。正如列宁所言："任何一个代表着未来的政党的第一个任务，都是说服大多数人民相信其纲领和策略的正确。"① 因此，有效的意识形态话语体系的建设是加强主流意识形态建设的前提条件。但当前，我国主流意识形态的话语体系建设还比较落后，很大程度上弱化了主流意识形态的功能。面对这种情况，加强主流意识形态建设就须以创新话语体系为抓手，不断增强主流意识形态的话语权。

一方面，要主动吸纳大众话语，提升意识形态话语体系的包容性。当今时代，广大民众的理想追求、价值观念以及思维方式等都发生了深刻的变化，多样化、多元化成为趋势。面对这种情况，就要求主流意识形态要发挥创新精神，锐意进取，大胆求索，有所发现、有所创造，不断吸纳大众话语，有效结合不断变迁的社会形势塑造和整合多元价值观念，构建有效的思想整合机制，结合全媒体时代的舆论特点，整合网络等各类新媒体平台，创新具有时代性的、大众性理论话语体系，力求用老百姓熟悉的语言传递马克思主义主流意识形态的声音，最大限度地彰显意识形态话语的理性魅力与吸引力，从而形成更具融合力、吸引力、感召力的话语体系，使我们党的意识形态更好地争取社会不同的阶级、阶层、集团和群体的支持。同

① 《列宁选集》（第3卷），人民出版社，1995年版，第476页。

时，也要合理选择并适时创新意识形态话语载体，以社会大众易于接受、喜闻乐见的传播方式来强化意识形态宣传教育，从而有效构建以共产主义和马克思主义为核心的意识形态和价值体系，增强民众对于现存政治体系和公共政策内容的认知，强化对于动员议题本身的理解，极大提升政策执行绩效。

另一方面，要精心构建对外话语体系，创新对外话语表达。我们要积极适应国际形势的发展变化，不断打造能够被世界所接受的新表达、新范畴，用以阐述和说明我国的基本国情、我国的制度架构、我国的追求目标等，从而构建起符合中国实际、具有中国风格、易于世界接受的国际话语体系，做好我国主流意识形态、中国发展成就的“中国阐释”和传播。同时，在世界意识形态的交流交锋中，我们要善于发声、敢于发声，要主动发声、积极发声，讲好我们中国的故事，传播好我们中国的声音，以此来诠释我们的理念和价值，增加我们的意识形态自信。

（四）要加强网络意识形态建设

现阶段，随着信息技术的发展，以互联网为代表的现代媒体的普及，很大程度上成为影响政党活动及其执政理念、执政方式变化的重要因素。事实上，互联网的崛起和发展对我们党的执政能力建设也提出了更高的要求。因为互联网等现代媒体成了民众诉求表达的一个重要渠道，承担起了国家和民众之间的桥梁和中介作用，也成了现实政治活动的重要抓手。

当今时代，谁掌握了信息，控制了互联网，谁就将拥有整个世界。可以说，我们党能否适应互联网时代特征和要求，直接影响着我国主流意识形态的认可和传播，也考验着我们党的执政能力。为此，必须加强网络意识形态建设。

第一，建设宣传阵地，搭建传播平台。网络媒介凭借自身潜在的程序设置，传播带有意识形态色彩的话语框架，影响公众对政治、文化、社会现象的评价，也正因为此，网络媒介已经成为当前我国主流意识形态与非主流意识形态进行争夺的重要阵地。因此，一方面，我们必须积极搭建具有中国特色的主流意识形态的网络传播平台，比如主动搭建主流意识形态宣传网站，充分利用官方微博、微信公众号等新兴媒体传播平台，抓住网络信息传播的新特点，探索“微党课”“微宣讲”“微讲座”等新的学习形式，使意识形态宣传更富有时代性、针对性。另一方面，我们也要积极推进传统媒体与新兴媒体的有机融合。对于传统媒体而言，不能仅仅停留在主流话题的宣贯，必须要紧密关注新媒体呈现出的新特点，对新媒体的热点话题要主动介入并积极引导舆情；对于新媒体而言，不能仅仅求新、求关注度，也必须积极配合传统媒体传播资源，充分利用传统媒体来深化报道力度。

第二，推动网络技术创新发展。互联网作为一个技术领域，也必须通过技术手段加以控制和管理，从而维护互联网意识形态的安全。一是加大互联网建设的投入，加强互联网的基础设施建设。超前布局下一代互联网，加紧实施“互联网+”行动计划、5G 技术等建设工程，扩大网络的覆盖率、提高网络速度、降低网络成本，保证网络的服务功能和作用，促进互联网与经济社会的进一步融合发展，使其能够覆盖到更多的社会群体，让百姓们在共享互联网发展成果上拥有更多的获得感。二是加大互联网新技术的研发力度。由于互联网产生于国外，因此在互联网核心技术方面，我国还受制于人，这是我国互联网治理面临的最大隐患。当前我们必须要有效跟踪互联网的当前态势，超前研判互联网的未来走向，要积极对网络技术、网络安全、网络监测等领域加大研发力度，争取实现突破性进展，研发出更多的具有我国自主知识产权的网络产品，实现技术手段的不断升级，加快增强网络空间安全防御能力，从而推进互联网信息的有效分类，科学应对和处理网络危机和网络风险，确保个人信息和隐私得到有效的保护。三是建设网络强国、加强网络治理离不开高素质的人才队伍。我们必须要下大力气加强互联网专业人才队伍的建设和培养，提升网络治理人才的能力和素质，改革人才流动和引进措施，实现人才的合理配置和使用，为互联网治理提供强有力的人才支撑。在此基础上，我们才能依托互联网，运用数据与运算，分析受众需求，及时传递信息，搭建新型的传播形式，同时能够及时了解传播的不足，及时调整传播策略，实现主流意识形态的优化传播。

第三，完善管理制度，建立网络综合治理体系。加强网络意识形态建设离不开制度的刚性约束。首先，加强立法，以法律保障主流意识形态的传播。互联网空间并非“法外之地”，完善的法律是互联网良性运行的重要保证，是维护网络安全和秩序的重要手段。总体来看，我国关于网络等新媒体的法律规范还比较薄弱。这就需要从中国国情出发，围绕互联网治理的法律需求及其面临的重大理论和实践问题，不断推进互联网治理的法律创新，建立起符合中国实际、具有中国特色、体现发展要求的互联网法律治理体系，从而以法律的形式保障主流意识形态的传播。其次，完善网络空间的意识形态监管和审查制度。网络是一个虚拟的空间，但这并不代表在网络空间中可以不受限制地发表任何评论。要完善网络的意识形态监管和审查制度，坚决查处并依法打击政治立场错误、诋毁中国共产党、动摇军心民心、破坏社会稳定的内容。再次，加强网络舆情监测。当今社会，网络舆情逐渐成为社会现实与大众民意的“风向标”，必须建立起专门的机构对网络舆情进行监测，充分利用大数据、人工智能等技术时刻关注民众的思想动态，以保证社会主义意识形态始终处于主流地位。最后，要高度重视和积极借鉴其他国家网络治理的先进经验，立足中国国情，从我国的传统文化和民众的习惯素养出发，积极参与国际互联网规则制定，为互联网国际治理秩序的重塑提出中国方案，提升我国在互联网治理方面的国际话语权和规则制定权，保证我国主流意识形态的国际传播。

二、从制度建设入手，加强党的制度构建及执行能力

制度是国家和社会能够有效有序运行的基本保障，没有制度的保障，国家社会的正常运行就很难实现。因为制度一旦形成，就不会轻易因为个别人意识的改变而改变，它为人们的政治行为提供了规范性、稳定性、权威性和可预期性，是维护国家政治秩序的重要因素。因此，制度是国家治理现代化的关键环节，也是提高党执政能力的重要因素。我们必须坚持和完善中国特色社会主义制度，不断推进国家治理体系和治理能力现代化，坚决破除一切不合时宜的思想观念和体制机制弊端，突破利益固化的藩篱，吸收人类文明有益成果，构建系统完备、科学规范、运行有效的制度体系，充分发挥我国社会主义制度优越性。

（一）坚持制度建设的正确方向和原则

制度建设是有方向有原则的，只有准确地把握我国制度建设的方向和原则，才能有效推动我国制度建设的步伐。

首先，制度建设要始终坚持社会主义方向。我们知道，一段时间以来，国内的一些人错误地认为制度建设只是一个技术

问题，并不存在姓“社”还是姓“资”的问题。但制度并不是普世的，也不是无阶级性的。我国的国家制度和国家治理体系是具有社会主义性质的国家制度和国家治理体系，与西方资本主义国家的制度和国家治理体系有着根本的差异。事实上，也正是因为我国的国家制度和国家治理体系始终彰显着社会主义的价值原则，坚守着社会主义的政治方向，才赢得了民众的广泛信任与高度认同，推动了社会的发展进步。因此，当前加强党的制度建设能力必须坚持制度建设的正确方向。邓小平曾指出：“如果我们不坚持社会主义，最终发展起来也不过成为一个附庸国，而且就连想要发展起来也不容易。”①

其次，制度建设要始终坚持以人民为中心的价值准则。满足人民的利益诉求，维护人民的根本利益是我国制度建设必须要始终坚持的价值准则，也只有始终坚持“以人民为中心”去建设制度，我们才能始终得到人民的支持和拥护。我们知道，中华民族具有优秀的文化传统，这是我国制度建设的精神基因。但长期的封建主义专制传统，短时间内也很难完全消除掉，这也成为我们制度建设面临的历史重负。邓小平就曾指出：“旧中国留给我们的，封建专制传统比较多，民主法制传统很少。”② 因此，新时代我们加强制度建设，必须要消除封建主义的专制传统，始终坚持“以人民为中心”的价值理念。一方面，要尊重人民群众的首创精神。回顾历史，每一次改革突

① 《邓小平文选》（第3卷），人民出版社，1993年版，第311页。
② 《邓小平文选》（第2卷），人民出版社，1994年版，第332页。

破，每一个新生事物的产生，每一个经验的创造，无不来自亿万人民的实践和智慧。无论是陕甘宁边区选举过程中“投豆豆、画圈圈、烧眼眼”等投票方式，还是改革开放初期安徽凤阳小岗村的“大包干”实践，都是人民群众的智慧创造。另一方面，要以满足人民对美好生活的向往为价值指向，不断通过体制机制改革和制度创新更好服务人民，坚持制度发展成果由人民共享。

最后，制度建设要始终坚持公平正义的内在要求。社会主义之所以能够具有如此大的吸引力，之所以能够战胜资本主义，就在于社会主义能够实现社会的公平正义，实现人类的平等。因此，在当前制度建设中，我们必须要坚持公平正义的内在要求，始终将平等放在首位，要坚持规则平等、权利平等、机会平等、程序平等……真正使公平正义体现在制度中，落实到人民的生活中。特别是在当前这种不平衡不充分发展为主要矛盾的大背景下，更要注重公平正义，在制度设计上，要向欠发达地区、弱势群体、农民农村、中西部地区倾斜，让这些地区和群体切实感受到社会主义制度的公平正义本质。

（二）着力完善制度体系

制度是国家之基、社会之规、治理之据，是保障一个社会正常运转最为重要的规则体系。可以说，国家制度的建设程度、完善程度是衡量社会进步程度的重要标尺。对于我们这样一个具有悠久历史传统、人治思维根深蒂固的国家来说，推进国家治理现代化，加强党的执政能力建设，必须以健全完善的制度为保障。坚持从我国国情出发，继续加强制度创新，加快建立建全国家治理急需的制度，满足人民日益增长的美好生活需要必备的制度。

第一，要着力提高制度设计的质量。长期以来，我国并没有形成规范有效的制度体系和制度，一些体制机制并不健全，无法有效实现对相关领域的控制和引导。因此，加强我国的制度体系建设，必须要关注制度的质量，也就是要求所建立的制度能够被人民所认可，能够为国家的稳定和有效治理提供相对稳定强大的保证。这就要求我们党在制度设计上应始终在马克思主义意识形态的价值引领下开展，适应国家治理现代化的大格局，遵循国家治理现代化的内在规律和要求，体现科学精神。制度设计应以前期充分的调研为基础，立足社会现实需要进行制度设计，要扩大民众参与面，广泛征求各社会阶层和利益相关方的意见；制度设计的过程，需要包括技术论证、专家咨询、听证公示、效果反馈等环节，从而使最终制定的制度能够反映民众的意愿，进而增强民众对制度的认同感。比如，针对我国的突发事件应急管理指挥制度体系设计而言，我们就可考虑强化党对应急管理的集中统一领导，成立各级应急管理委员会或依托国家安全委员会履行综合应急指挥职能。目前，根据现行相关法律法规，突发事件应急管理，由各级人民政府统一领导，成立应急指挥机构，对应急工作实行统一指挥。显然，这在理论与实践上与强化党的集中统一领导是并不完全一致的，因此，健全国家应急管理指挥体系必须首先考虑这一因素。鉴于上述问题，可有两种选择健全国家应急管理指挥体系。一种选择是从中央到地方设立应急管理委员会，平时负责制定应急管理重大方针政策，领导协调推动风险防范和应急管理体系和能力建设工作；重特大公共安全突发事件发生后，转化为应急管理指挥中心，代表党中央、国务院和各级党政部门组织应急处置工作，保证政令畅通、协调有力、指挥高效。与此相适应，各级政府应急管理部门转化为应急管理委员会的办事机构，依法履行全部公共安全应急管理职能。另一种选择是依托现有国家安全委员会体系，强化其应急管理职能，中央国家安全委员会扩充第一种选择中设想的应急管理委员会职能，地方各级国家安全委员主要承担属地应急管理职能，突发事件发生后第一时间转化为属地指挥中心，在此情况下，各级政府应急管理部门转化为地方国家安全委员会的办事机构。

第二，要着力加强制度之间的衔接、配合，推进制度体系的相辅相成。制度体系是由各级各类制度安排构成的系统，要发挥其最大的效能，就必须对制度进行科学合理的配置，形成合力。要加强顶层设计，从全局高度统筹谋划国家制度建设的各个方面、各个层次、各个要素之间的关系，最大限度地调动一切积极因素。要通过整体布局，使各项制度能够在结构层次上、关联协调上达到和谐的状态，从而有效解决制度之间存在的衔接不够、协调不力等现象，发挥出制度的整体功能。比如，以国家突发事件应急物资保障的制度体系为例，我们就必须通过制度之间的衔接和配合，打通物资生产、储备、流通、分配链路。物资是应急的基础。任何突发公共安全事件，救援物资都是应急管理中最重要的物质基础和保障。但应急物资保障的制度体系涉及诸多环节，是一个非常专业化的领域，如物资生产和仓储布局、采购筹措、规模数量控制、品种分类、结构调剂、包装整理、运输调度、交通运输规划、装卸搬运、配送分派等制度规定，这些制度的衔接、有序直接影响到应急管理物资的保障效果，决定着应急管理体系和能力的现代化程度。这次新冠肺炎疫情的防控工作初期就在一定程度上暴露出我国应急物资储备制度体系存在着短板，重点卫生防疫物资生产能力和储备严重不足，应急物资管理分配调度物流出现混乱无序等问题。因此，一要优化重要应急物资产能保障和区域布局，打通产业链的区域循环，做到关键时刻调得出、用得上，对短期可能出现的物资供应短缺，建立集中生产调度机制，统一组织原材料供应、安排定点生产、规范质量标准，确保应急物资保障有序有力。二要健全一体化国家储备体系，建立军地之间、跨部门之间共享资源信息库，对国防动员战备物资、应急管理物资进行系统梳理和分类，科学调整储备的品类、规模、结构，建立台账，动态管理，着眼军事斗争准备和突发事件应对建立平战结合、平灾结合的应急物资储备管理模式，提升储备效能。三要建立国家统一的应急物资采购供应体系，对应急救援物资实行集中管理、统一调拨、统一配送，推动应急物资供应保障网更加高效安全可控。四要通过制度充分动员社会力量参与应急物资保障，发挥我国网上购物平台和大型物流企业的优势，利用其信息网络和物流网络提高应急物资保障效率。

第三，要着力提升制度创新能力。众所周知，制度并不是永恒的，也不是一成不变的，任何一种制度都要随着时代的变迁而发生变革、进行改进。否则的话，制度体系就会逐渐出现制度乏力、制度缺位、制度变形等一系列不适应社会现实条件的问题，失去了其本该具备的功能，影响甚至会阻碍社会的发展，降低民众对党和政府的信任。因此，必须要依据环境的变化、时代的变迁对制度进行创新。一方面，要结合实践的发展，及时对一些过时的、人民群众意见反映大的、不适应社会发展需要的制度加强清理。另一方面，不断打破思想僵化，要在保持制度体系延续性和稳定性的同时，用更开放的思维、更担当的勇气去推动制度创新，对内容不完善、规定过于笼统的制度进行修订，对于新出现的领域或行业，要尽快制定相关领域的制度，努力形成系统完备、科学规范、运行高效的制度体系。比如，对于突发事件的防范与预警制度体系建设，就必须要积极转变应急管理理念，加强风险防范和预警，化解或减缓各种风险及其危害，从而降低应急救援的压力和损失。突发公共安全事件苗头的早发现、早预警是有效控制、减轻和消除国家公共安全事件引起的严重社会危害的重要保障。这既要求涉及维护公共安全的相关专业部门主动承担风险防范工作，防患于未然，也更需要应急管理部门跨越部门界限，通过综合风险监测预警，发挥统筹协调、综合防范和应急准备的作用。就应急管理来说，其工作重心要从突发事件应对转到风险防范上来，防重于救，实现关口前移，源头治理。一要建立公共安全风险评估制度。定期或随机在国家不同层级、社会不同领域开展特定公共安全风险评估，并根据情况将评估结果向社会发布，以增强全民风险防范意识，在风险评估基础上，制订风险防范规划，合理配置公共资源，降低各类风险发生。二要健全公共安全风险监测制度体系。通过机制化方式将专业监测和社会监测结合起来，确保公共安全事件突发时，能够在第一时间进行科学评估，有效确定事件的性质、来源、危害等信息，对事件发生、发展、演化、可能后果等方面做出态势分析。三要完善预警信息发布程序。建立国家公共安全风险“吹哨人”制度，将预警权下移至一线专业人员，防止层层上报、层层审批，防止官僚主义贻误战机的情况，提高应急响应反应速度。四要推动公共安全情报和资源共享。依托应急管理部门建立公共安全风险大数据平台，摈弃闭门造车的思路，打破政府部门之间存在的数据壁垒，拆除数据“部门墙”和“行业墙”，为应急管理体系高效运行提供科学、精确、宏大的数据支撑。五要完善应急预案优化机制。强化底线思维，做最坏的打算，在预案推演中设计复杂情形，例如自然灾害、战争、人类疫情、动物疫情叠加爆发的危机，增强应急预案关键层级或节点的针对性、预见性、流程性、实用性和可操作性，扎实做好若干年内国家重大公共安全风险预案准备，以便在出现相应事件后能够依照预案迅速采取有效的决策、处置、行动、防控等措施。

（三）不断提高制度执行力

制度的生命力在于执行。制度只有被有效执行才能实现自身价值，才能真正起到规范社会秩序、保障人民群众根本利益的作用。否则，不仅无法为国家发展提供基本的规则依据，也将严重影响党和政府的公信力。因此，在实践中，要持续加强对制度执行监督，不断提高制度执行力，确保制度优势能够更好地转化为治理效能。

第一，要不断提高制度执行主体的素质和能力。制度的有效执行，离不开制度的执行主体。对于我国而言，制度执行主体的主要构成是各级党员领导干部，他们的能力素质及其制度执行意愿势必深刻影响着制度能否有效地落实和执行。对此，应注重以下几个方面的工作。首先，要通过有效的教育活动，使各级党员领导干部能够充分认识到提升制度执行力的紧迫性和重要性，从而增强他们的制度意识，提升他们的制度执行意愿。其次，通过系统锻炼，增强党员领导干部的沟通协调能力、统筹规划能力、实践操作能力等，从而保证制度能够被有效地执行。最后，要健全和完善党员领导干部的评价考核机制。可考虑将各级党员领导干部制度执行的相关情况纳入干部评价考核机制中，通过相应调整晋升机制、竞争机制、任务约束等手段对领导干部进行激励和制约。

第二，要不断加强制度执行的监督和问责。要保证制度不折不扣地得到贯彻执行，离不开严格的监督和问责，这是保障制度执行力的关键。现实中，一些制度之所以不落实、执行力不强，其中一个很重要的原因就是违反制度的行为缺少监督和问责，违反制度的行为没有受到惩戒。因此，一方面，要强化监督机制。只有通过严密的监督，才能保证制度被有效执行。我们不仅要完善党内监督、民主监督、人大监督和司法监督等监督，还要加强群众、舆论、媒体、网络等监督。另一方面，要强化问责机制。在制度执行过程中，如果存在着搞变通、做选择、打折扣，甚至拒不执行等现象，就必须依法依规第一时间问责、第一时间惩处相关人员，发现一起，查处一起，切实维护制度的严肃性和权威性。

第三，要持续培育制度执行文化，强化制度意识。思想是行动的先导，制度的作用要充分发挥出来就需要人们能够对制度能够理解、认同，从内心深处愿意按照制度的规约去落实，在制度框架内行事。只有人们认同制度的权威，崇尚制度，才能提高制度执行力。首先，要塑造制度权威文化。制度一旦制定公布，就具有了权威性、根本性和长期性，制度也就成了铁律，不是“金钱”“关系”等可以买通的。因此，要积极营造尊重制度、维护制度、服从制度、践行制度，以制度为最高准则的良好风气和氛围。其次，要培育制度面前人人平等的意识。要在全社会营造“制度面前没有特权、制度面前人人平等”的理念，制度一旦制定，就必须刚性执行，是任何人和任何组织都必须遵守和执行的，无论是谁、无论是哪个组织只要违反了制度的规定，就必须受到制度的制裁，没有任何例外。再次，要维护良好的制度执行环境。制度建设关键在供给，而制度执行则贵在自觉。因此，在实践中要积极地维护良好的制度执行环境，引导广大民众自觉地学习、理解、践行党和国家制定的各项制度，促进民众将执行制度内化为自身素质与行为习惯。最后，党员干部要成为制度执行的表率，带头维护制度权威。各级党员干部不仅要从自己做起、从身边做起，更要增强斗争精神，勇于同一切违反制度的现象做斗争，从而引领全社会增强制度意识，维护制度权威，强化制度执行。

三、全面推进法治建设，加强党的依法执政能力

法治，既是当前治国理政的基本方式，也是加强党的执政能力建设的内在要求和重要标志。美国法学家庞德曾明确指出“在今日，法律秩序已经成为一种最重要、最有效的社会控制形式。其他所有的社会控制方式，都从属于法律方式，并在后者的审察之下运作”①。

众所周知，改革开放以前的很长一段时间内，我们党在一

① ［美］罗斯科·庞德：《法律与道德》，中国政法大学出版社，2003年版，第37页。

定程度上忽视了法治的建设，给我国社会主义建设带来了严重的影响。改革开放以来，我们党对法治建设的重视程度与日俱增，我国法治建设取得了长足进展。但从总体上来看，随着经济快速发展和一些新情况不断出现，法律体系中不协调、不一致、体系性差等问题依然存在，党内法规体系不够完善等问题亟须解决，同时我国"发展起来后"出现的许多问题，以及其中的一些问题长期难以彻底解决，都与国家治理中法治方式、法治权威没有真正确立起来有关。因此，新时代新征程，推进国家治理现代化，加强党的执政能力建设就必须坚决贯彻落实习近平法治思想，全面推进法治建设，加强党依法执政能力，使党的建设和行为嵌入法治的架构当中，从而为实现国家的长治久安，实现中华民族伟大复兴的中国梦奠定良好的法治基础。

（一）加强立法建设，着力完善法律体系和党内法规体系

法治是世界各国普遍遵循的治国理政方式。党的十九届四中全会提出，"建设中国特色社会主义法治体系、建设社会主义法治国家是坚持和发展中国特色社会主义的内在要求"①。因此，我们必须从国情出发，进一步强化法治创新，及时总结法治实践中的成功经验，不断使之转化为法律。一方面，要不断

① 《中共中央关于坚持和完善中国特色社会主义制度 推进国家治理体系和治理能力现代化若干重大问题的决定》，人民出版社，2019年版，第13页。

完善我国以宪法为核心的社会主义法律体系。要坚持科学立法、民主立法原则，充分考虑党政军社民的权力与责任、权利与义务，强化流程化、精确化、操作性设计，及时对我国各类法律、行政法规以及地方性法规等进行补充和完善。尤其要加快推进行政立法工作，为真正实现政府过程法治化提供重要前提。需要注意的是，在制定与完善行政程序法的过程中，要坚持顶层设计，处理好普遍性与特殊性的关系，加强科学统筹，发挥各级权力机关立法监督作用，避免出现立法混乱和违宪的情况，切实维护国家法治体系的尊严和权威。

另一方面，要加强党内法规建设。一个现代化国家必然是法治国家，一个现代化的政党必然是依规治党的政党。党内法规是确保党先进性和纯洁性的重要抓手，也是中国特色社会主义法治体系建设的重要一环。因此，要建立起一个边界清晰、科学规范、公正合理的党内法规体系，要注意以下几点。一、始终坚持以宪法原则为指导，把党内法规体系建设作为国家法治体系建设的重要组成部分一体筹划、一体设计、一体推进。二、着力加大党的制度创新力度，严格按照起草、发布、评估等步骤构建以党章为根本、若干配套党内法规为支撑的党内法规制度体系。三、将党的组织和党员个人权利运行监督体系建设作为党内法规体系建设的重要组成部分，突出对党的权力运行的立法规范，促使党内法规体系建设更加符合党内建设实际，为党的法治建设奠定基础，从而保证党内法规与国家法治建设协调一致，更加有力有效地推动党的建设发展。四、搞好党内法规性质、作用、功能的宣传教育，促使党员领导干部认识到党内法规是我们党依规治党、依法执政的基本遵循，也是加强执政党自身建设的迫切需要。

（二）加大法律的执行力度

法律的生命力在于实施，法律的权威也在于实施。提高党的依法执政能力就必须要强化法律的刚性约束，加大法律的执行力度。

一要强化法治信仰和法治精神，坚持法治至上的基本原则。奉法者强则国强，奉法者弱则国弱。法律必须被信仰，否则的话，也就等同于虚设。要在全社会努力营造全民信法守法的社会氛围，强化法治信仰和法治精神。作为一个封建制度存续了两千多年的国家，法治精神和法治思维的缺失一直是影响近代中国现代国家治理转型重要的“命门”。在我们党推进现代化的过程中，人治取代法治的手段也时有发生。社会成员尊法信法守法用法、依法维权意识不强，全社会法治精神的缺失也是造成党的一些政治动员转变为混乱无序的“大民主”运动的重要原因。因而在新时代提升党的长期执政能力，就要增强全民法治观念，动员民众接受普法教育，推动全体人民知法信法，夯实法治社会建设基础，让全民守法成为思想自觉和行动自觉。

二是党的各级组织和个人要严格遵守宪法法律和党章党

规，确保党始终在宪法和法律范围内活动，善于运用法律的手段解决党自身建设和社会发展所面临的矛盾问题。尤其对于各级领导干部而言，更要做尊法学法守法用法的模范，不断提高运用法治思维和法治方式深化改革、推动发展、化解矛盾、维护稳定、应对风险的能力，以实际行动带动全社会弘扬社会主义法治精神，建设社会主义法治文化，不断增强人民群众对法律的内心拥护和真诚信仰，使全体人民都成为社会主义法治的忠实崇尚者、自觉遵守者、坚定捍卫者。具体来看，就是要带头执行法律法规的规定，模范遵守宪法法律，自觉置身于法律法规的约束监督之下；牢固树立职权法定和法治思维，严格依法用权、依法办事，使法律法规成为党员领导干部履行职责的最高准则。

三是坚持法律面前人人平等。任何组织和个人都不允许有超越宪法和法律的特权，从普通公民到公职人员，从一般社会组织、企事单位到国家机构都必须严格依照以宪法为核心的中国特色社会主义法治体系办事，从而保证国家政治生活、经济生活和社会生活的法治化。要不断想方设法解决执法司法中存在的不规范、不透明、不文明等现象，促使法治在治国理政中的地位更加凸显，法律的严肃性和权威性得到维护。同时也要紧盯权利、义务、禁令三个关键，确保民众能够维护自身的权利、履行相应义务、遵守相关禁令。

（三）建立健全法治监督和保障体系

如果没有健全的监督和保障体系，法律的实施效果必然大打折扣，自然就难以发挥应有作用。构建法治监督体系而言，要注意以下几方面。一是要利用好党内、人大、社会等各种监督形式，依法加强对各级国家行政机关、监察机关、审判机关、检察机关等的监督，保证宪法法律法规切实得到全面贯彻和有效落实，突出发挥好检察机关的重要作用，加强对司法活动、行政违法行为、自身司法行为的监督，突出纠治不作为、乱作为等现象，大力惩治失职、渎职等问题。通过采取一系列措施，以科学有效的制约和监督体系，形成监督合力和实效。二是要以规范和约束公权力为重点，充分认识政府层级监督和专门监督特别是审计监督的重大意义，推动各类监督规范化、制度化、程序化。三是在问责层面，不断推进责任行政建设，将对行政执法的问责纳入法治轨道，进一步完善依法行政责任问责制度，切实保证对行政执法制约的威力和实效，防止问责过于表面。通过采取一系列措施，形成监督合力和实效。

对于完善法治保障体系而言。各级党组织要不断健全组织领导，建立工作责任制，安排专人负责法治工作。坚持把法律职业保障体系、法治教育体系建设作为法治保障体系的重要内容。长期以来，我国的司法人员管理模式与普通公务员较为相同，司法人员的准入、晋升、转任等机制不健全，专业化的法治工作队伍建设情况与当前法治体系建设的要求还有一定距离。基于此，着力培养法治专门队伍和法律服务队伍成为完善法治保障体系的关键环节。推进司法管理体制改革，使管理制度更加符合司法职业特点，大力提升职业吸引力，不断提高司法队伍处理复杂问题的能力素质，为中国特色社会主义法治体系建设夯实基础。不断开展法治宣传教育，培养塑造法治精神，努力形成全民守法、依法办事的良好氛围。完善守法诚信褒奖机制和违法行为惩戒机制，培养全社会对法律发自内心的尊敬，使法治精神成为全民信仰。

四、贯彻新发展理念，加强党的推动社会高质量发展能力

从人类发展来看，一个政党特别是执政党，只有通过不断推进国家社会的发展，始终保持自身的执政绩效，才能始终保持自己的执政地位，也才能彰显自身的执政能力。党的二十大报告明确指出："高质量发展是全面建设社会主义现代化国家的首要任务。"① 因此，对于我们党而言，加强党的执政能力建设最直接、最明显的表现就是提升党的执政绩效，推动社会高

① 习近平：《高举中国特色社会主义伟大旗帜　为全面建设社会主义现代化国家而团结奋斗——在中国共产党第二十次全国代表大会上的报告》，人民出版社，2022 年版，第 28 页。

质量发展。这就必须要全面贯彻新发展理念，切实提高党领导经济社会发展的能力，不断满足人民日益增长的美好生活需要，以社会发展化解社会矛盾。

（一）以创新驱动经济总量增长

恩格斯认为：“政治、法、哲学、宗教、文学、艺术等等的发展是以经济发展为基础的。”① 也就是说，经济增长是执政绩效的重要的表现。当前我国已转向高质量发展阶段，要不断提高贯彻新发展理念、构建新发展格局能力和水平，以国内大循环为主体，推动国内国际双循环相互促进，为实现经济社会高质量发展提供根本保证。因此，在发展过程中，必须要走中国特色自主创新道路，提高原始创新能力、集成创新能力及引进消化吸收的再创新能力等，更加注重协同创新。首先，必须要推动科技创新与经济社会发展紧密结合，提高创新驱动发展的效能，用好国家科技重大专项和重大工程等抓手，集中力量取得科技突破，为经济社会发展做出贡献。其次，要加快高端人才的培养与使用，创新高端人才培养使用的有效机制，搭建有利于人才创造力充分发挥的平台，为国家发展奠定人才基石。最后，要积极营造良好的政策环境。充分发挥政府财政与税收调节器的作用，加大对科技创新投入力度，确保企业的科

① 《马克思恩格斯选集》（第4卷），人民出版社，1995年版，第732页。

技创新，努力切实为企业带来收益。

（二）以包容性发展优化我们党执政绩效结构

改革开放以来，经济的高速发展大大增加了我们党执政绩效的总量，但是伴生而来的利益结构失衡、贫富差距增大等问题，削弱了民众的幸福感、获得感，侵蚀着民众对党的执政能力的认可。因此，坚持更加全面、更加公平、更加具有持续性发展理念的包容性发展是优化绩效结构、促进共同富裕推动社会全面发展、赢得民众信任和支持的必然选择。习近平总书记指出："适应我国社会主要矛盾的变化，更好满足人民日益增长的美好生活需要，必须把促进全体人民共同富裕作为为人民谋幸福的着力点，不断夯实党长期执政基础。"① 因此，我们要积极营造公平诚信的竞争氛围，坚持发展过程的机会均等，坚持发展成果人民共享，积极妥善处理好公平和效率之间的关系，聚力分阶段促进共同富裕，构建初次分配、再分配、三次分配协调配套的基础性制度安排，力求缩小全社会的收入差距，在符合实际情况的基础上，搞好困难家庭的社会保障兜底工作，促进最低工资逐步增长，切实增加低收入劳动者利益获得，扩大中等收入比例，形成民众收入共同增加、均衡增加的良好局面。严厉打击非法经营，加强对隐性收入的检查抽查，

① 《习近平谈治国理政》（第四卷），人民出版社，2022年版，第141页。

形成凭合法劳动致富的良好社会风气，扎实推动共同富裕。

（三）以绿色发展提升党执政绩效质量

改革开放以来，我国在经济发展方面取得了举世瞩目的辉煌成绩，但我们经济发展的绩效质量并不高。长期以来都是单纯以 GDP 作为核心指标，以传统的粗放式的经济发展方式推动发展，在一定程度可以说是以牺牲了环境、浪费了资源而换取的短期局部利益，造成了我国环境污染、生态退化等一系列问题。党的十八大以来，我们党清醒地认识到了这一问题，着力推进绿色发展，构建人与自然和谐共生的现代化。首先，降低绩效成本与代价，要坚持重点治理与统筹规划相统一。要统筹规划、协调管理、落实责任，积极推广风能、太阳能等清洁能源的应用。其次，要大力发展绿色技术，加大研发力度，营造有利于绿色技术发展的开放式创新环境。这是我们解决环境污染、提高资源利用率，从而实现绿色发展的根本手段。最后，要动员全社会积极参与到绿色发展中来。生态文明全社会共享，也需要全社会共同努力。要提高民众的绿色发展意识，明确责任与义务，逐步将民众纳入绿色发展监督机制的系统中，发挥民众参与绿色发展的积极性和主动性。

(四) 以人民群众收入水平持续改善彰显我们党执政绩效效果

人民收入水平是衡量国家财富的重要标尺。对于普通民众来说，只有收入水平不断得到提升，获得感幸福感才是实打实地得到增强。当前，我国正处于向高收入国家迈进时期，面对西方叫嚣中国经济落入“中等收入陷阱”的声音，只有把工作重点聚焦在不断提高人民收入水平上，采取有效措施，才能以事实回击西方国家的猜疑。一方面要不断振兴实体经济。实体经济是国家经济发展的支柱，也是在国际经济竞争中取得胜利的基础，更是提高人民收入水平的源泉。坚持深化改革，努力化解过剩产能，着力提高创新能力。协调好虚拟经济和实体经济之间的关系，利用“互联网+”“中国制造 2025”等时机，发展新兴产业，推进供给侧结构性改革，促进两者共同发展。另一方面要不断改善就业情况。只有良好的就业状况才能保证收入不断增加。在世界经济下行压力加大、增长乏力的情况下，努力解决人口红利减少、创新能力不足等方面给就业带来的问题，采取积极稳健的就业政策，不同群体有针对性地采取不同就业政策。针对高校毕业生、农村富余劳动力、退役军人等人群，主推灵活就业、新就业形态，实现劳动者自主就业。针对贫困家庭子女、未升学初高中毕业生、失业人员、残疾人等人群，开展免费职业培训，主动创造条件提升其就业能力，最终促进整体就业水平提升。

五、把握执政规律，增强党的有效整合人民利益诉求能力

人们奋斗的一切都同他们的利益有关。事实上，中国共产党人在推进我国国家治理现代化的各个阶段都将能否满足民众需要、能否维护民众利益作为党的执政能力建设的根本衡量标准，从而赢得了人民的信任和拥护，提高了国家治理现代化的成效。例如，在新中国成立之初，民众最大的利益诉求是希望这个国家社会稳定、经济发展步入正轨、中国人能够挺胸抬头，甚至可以说，此时人民利益的诉求更多的是以国家、集体利益为主。在这种状态下，国家治理以行政化的手段强力推动恰恰顺应了新中国成立初期的政治社会经济局面，也取得了令人满意的辉煌成就。改革开放以来，特别是进入新时代以来，人民美好生活需要日益广泛，市场经济的发展带来原有的社会利益格局发生了深刻变革，利益格局日益多元化，民众个体利益诉求逐步显现并成为主导公民行动的重要因素。因此，新时代我们党必须要加强利益引导和利益协调，切实维护好、发展好、实现好群众的利益诉求。这不仅是社会主义制度所内蕴的基本要求，更是我们党推进国家治理现代化、加强党的执政能力建设的根本目的。

（一）着力完善利益表达和聚合机制

一般来说，社会各阶层、各团体之间存在利益矛盾和利益冲突是社会发展过程中不可避免的正常现象。但如何去引导利益诉求、协调利益关系、化解利益冲突则考验着执政者的能力素质，也影响着国家和社会的稳定与发展。美国学者亨廷顿就说过，“首要的问题不是自由，而是建立一个合法的公共秩序。人当然可以有秩序而无自由，但不能有自由而无秩序”①。

改革开放以来，随着经济全球化趋势的迅猛发展，我国成为世界第二大经济体，国际地位和国际影响力显著提升，正处在“由大向强”发展的关键历史阶段。与此同时，中国经济发展进入新常态，全面深化改革开始向纵深发展，中国社会阶级阶层关系和社会结构都发生了前所未有的崭新变化，原有的政党、国家、社会一元化的格局被打破。在这一过程中，不平衡、不协调、不可持续等问题越发突出，社会矛盾问题叠加呈现：区域城乡发展不平衡明显，不同群体收入差距拉大，生态环境治理挑战增多，民生保障存在短板，不同利益主体的利益诉求复杂化，利益博弈显性化，等等。但综合来看，当前我国社会面临的诸多问题都是由利益冲突造成的，是一种利益矛盾的折射和反映，体现的是在根本利益一致基础上的差异性。

① ［美］塞缪尔·P. 亨廷顿：《变化社会中的政治秩序》，生活·读书·新知三联书店，1989年版，第7页。

因此，在推进我国国家治理现代化的进程中，对于我党而言，一是要立足社会利益分化的现实国情，在尊重多元利益和价值基础上，维护社会公平正义，寻求分化社会对核心价值和国家利益与人民根本利益行动上的一致性，从社会总体布局出发，通过体制机制的建立理顺党、政府、社会三者之间的关系，加快形成促进社会和谐、维护公平正义、激发社会活力的体制机制，从而不断实现民主党派、社会团体、公民个人逐步介入国家治理，发挥多元治理主体的功能。二是要在中国现代国家建构的基础上，遵循渐进调适的原则，着力从经济、政治、文化等多方面入手，以构筑和谐、稳定、公允的社会秩序为基本依托，制定能够最大限度统合、吸纳各类群体利益诉求的体制机制和有效政策，以超脱于各种利益之上的姿态担负起社会利益引导、利益协调和利益整合的功能。三是要实现公共利益的均衡配给，调节和平衡各方面利益诉求。要在坚持党的集中统一领导的基础上充分发挥各个行为主体的积极性，保证和促进社会组织和公众逐步地参与到国家治理之中，以满足广大民众多元化的利益诉求，为民众有效地进行利益表达提供制度化的保障，力求制度设计程序清晰，具有针对性与现实可操作性，确保公民参与不流于形式。确保人民群众的利益获得和实现，从而化解社会矛盾，提升党的认同和支持程度，实现国家治理现代化的崭新形塑，“如果政党真正做到了集中各种利益，或者改造它们使之能在这方面多做些工作，它们完全能成为政治过程中最重要的工具"①。

（二）着力健全利益诉求渠道

当前，我国社会各种矛盾相交织，矛盾冲突增多。对此，我们党必须要遵循现代民主治理的逻辑和要求，着力健全民众利益诉求渠道，使人们能够通过合法、畅通、有效的途径来表达诉求，这样才能有效地缓和社会矛盾。

一方面，要完善民众的决策参与渠道。中国特定的政治逻辑和国家形态决定了实现中华民族伟大复兴的中国梦，推进国家治理现代化必须要依靠广大人民群众的积极参与。因为，公民参与有助于增强公共政策的公共性、公平性和普惠性，增强政治的合法性，促进社会的公平正义。一方面，我们可充分发挥市民热线、市长信箱、听证会等传统参与渠道的作用。同时，积极利用网络等新兴媒体资源如微博、微信、论坛等促进公民参与。

另一方面，要充分发挥社会组织作为民众利益诉求重要渠道的作用。公民个体参与的非组织化、碎片化是影响公民参与和进行利益表达效果的重要原因。而社会组织则在推进社会自我调节、防止权力滥用、弥补政府失灵等方面具有可不替代的作用，能够实现公民参与的组织化与有序化，提高民意的表达

---

① ［美］希尔斯：《美国是如何治理的》，商务印书馆，1986年版，第351-352页。

效果。因此，应逐步降低审批门槛，制定详细的审查与评定政策，促进真正代表民意的社会组织繁荣发展，让这些社会组织在促进社会和谐中贡献力量；同时应加强对社会组织的规范性与专业性建设，完善内部组织结构与运行模式，提升社会组织参与政治过程的能力。

六、始终保持党的先进性，加强党的自身建设能力

党的执政能力是通过各级组织和党员领导干部实现的，党员干部个人作为制度的具体实践者，其能力表现、政治信仰、工作宗旨、道德品质等都在很大程度上关系着各项制度能否得到有效落实、关系着国家治理能力的高低、关系着党和政府的形象。因此，党的自身建设能力是党的执政能力建设最明显、最直接、最现实的表现。

（一）不断提升党的政治建设能力

党的政治建设是党的根本性建设。旗帜鲜明讲政治是马克思主义执政党的根本要求，对于新时代的中国共产党而言，就是要坚决维护党中央的权威和党的集中统一领导。在党的十八大之前的一段时间，我们党的政治建设能力呈现出一定程度的

弱化趋势，对党和国家的发展都带来了严重的影响。党的十八大以来，我们党清醒地认识到了这一问题，通过一系列有效手段，强化了党的集中统一领导，维护了党中央的权威。当前，面对错综复杂的国际形势和艰巨繁重的改革发展任务，只有旗帜鲜明地加强党的政治建设，才能保证党的政治方向正确，政治路线正确。一是要牢牢把握维护党中央权威和集中统一领导这个重大政治原则，深刻领悟“两个确立”的决定性意义，不断增强“四个意识”、坚定“四个自信”、做到“两个维护”，不断提高政治判断力、政治领悟力、政治执行力，充分发挥党的领导政治优势，把党的领导落实到党和国家事业各领域各方面各环节，进一步维护党和国家的高度统一。二是要严肃党内政治生活，尊崇党章，发展积极健康的党内政治文化，自觉加强党性锻炼，勇于开展批评和自我批评，营造风清气正的良好政治生态。三是要健全民主集中制，不断增强党的生机活力，扩大党内民主，切实保障党员的主体地位，增强党内生活的原则性和透明度。

（二）不断提升党的思想建设能力

思想建设是党的基础性建设。习近平总书记指出，“共产党人如果没有信仰、没有理想，或信仰、理想不坚定，精神上就会‘缺钙’，就会得‘软骨病’，就必然导致政治上变质、经济上贪婪、道德上堕落、生活上腐化”①。对于我们广大党员干部来说，共产主义远大理想和中国特色社会主义共同理念是共产党人的精神支柱和政治灵魂。坚定理想信念是党的思想建设的首要任务。只有理想上坚定，有意识地保持自身的权利边界，建构合理的权利架构，才能确保工作的积极性，从而有效地履行自身使命。一是要不断加强党的理论武装，党的二十大报告指出：“用党的创新理论武装全党是党的思想建设的根本任务。”② 要引导广大党员干部把抓好学习、筑牢信念作为履职尽责的第一要务，自觉学习马克思列宁主义、毛泽东思想和中国特色社会主义理论体系，特别是习近平新时代中国特色社会主义思想，做到平时勤读书常看报，及时更新知识储备。二是利用培训、会议、参观、见习等各种时机开展好理想信念教育，灵活运用教育开展的方式方法，用身边人身边事增强教育实效，在提高理论素质、党性修养和综合素质中不断增强理论自信。要同学习党史、新中国史、改革开放史、社会主义发展史结合起来，引导党员、干部从党带领人民成功走出中国式现代化道路、创造了人类文明新形态的伟大成就中，从“东升西降”的中外比较、今非昔比的历史比较、成功与挫折的正反比较中，领悟真理的伟力，坚定信仰的力量。三是积极组织主题

① 《习近平新时代中国特色社会主义思想学习纲要》，学习出版社、人民出版社，2019 年版，第 228 页。

② 习近平：《高举中国特色社会主义伟大旗帜 为全面建设社会主义现代化国家而团结奋斗——在中国共产党第二十次全国代表大会上的报告》，人民出版社，2022 年版，第 65 页。

实践活动，发挥正反两面典型的教育引导作用，强化实践锻炼，落实各项组织生活制度，促使党员、干部坚定马克思主义信仰，社会主义和共产主义信念，永葆共产党人政治本色，经得起风险和困难的考验，确保党始终以良好的精神状态积极投身于建设社会主义现代化强国的历史征程。

（三）不断提升党的组织建设能力

严密的组织体系是党的优势所在、力量所在。一个政党、一个国家，即使有再好的制度，也是要靠人去执行的。习近平总书记指出："党的力量来自组织"①。我们党的执政能力的提升，同样需要有一支能够肩负使命、素质全面的执政骨干队伍。这就要求我们在推进国家治理现代化的进程中，不断提升党的组织建设能力，着力培养忠诚干净担当的高素质干部，着力集聚爱国奉献的各方面优秀人才，坚持德才兼备、以德为先、任人唯贤，为坚持和加强党的全面领导、坚持和发展中国特色社会主义提供坚强组织保证。"

一方面，坚持正确的选人用人导向。治国之要，首在用人。选人用人关乎事业成败，当实绩突出、群众公认的干部得到提拔使用，见贤思齐就会蔚然成风，风清气正的政治生态就会逐渐形成。但如果选人用人上的不正之风肆意蔓延，就会破

---

① 《论坚持对党对一切工作的领导》，中央文献出版社，2019 年版，第 259 页。

坏政治生态，甚至出现人才“逆淘汰”。因此，必须坚持好干部标准选人用人，突出政治标准，做深做实政治素质考察把关，大力选拔坚定贯彻习近平新时代中国特色社会主义思想，坚决做到“两个维护”，政治判断力、政治领悟力、政治执行力强的干部。要改进培养选拔，注重在基层一线和困难艰苦环境中培养锻炼干部、在重大任务和重大斗争一线发现使用干部，放眼各条战线、各个领域、各个行业选拔优秀干部，用实际行动提高选人用人的公信度。建立健全考核评价体系，深入实施新时代人才强国战略，全方位培养、引进、用好人才，激励担当作为，旗帜鲜明为政治坚定、敢抓敢管、不怕得罪人的干部撑腰鼓劲，真正把品德高尚、实绩突出、作风正派的干部选出来，把合适的人放在合适的岗位上。在动议提名、考察考核、程序步骤等方面不打折扣、不走捷径、不搞变通，坚持民主讨论、集体决策，从严处理违反选拔任用条例和组织人事纪律的人和事，立起明规则、破除“潜规则”，杜绝“带病提拔”“带病上岗”的情况出现，真正形成鲜明的选人用人导向。

另一方面，要坚持以“一把手”为重点从严管理干部。党面临的最大风险挑战来自自身，全面从严治党必须一刻不松。习近平总书记指出：“我们国家要出问题主要出在共产党内，我们党要出问题主要出在干部身上。”① 特别是对于各级领导干部，尤其是“一把手”来说，更需要从严管理。因为从现实

① 《十八大以来重要文献选编》，中央文献出版社，2016 年版，第 97 页。

看，许多时候，“一把手”甚至成为执政党的外在形象。他们的工作作风、能力素质、为民情怀等既关乎着各项工作的组织和开展，也关乎着民众对执政党的整体评价。“一把手”如果出现问题，势必会影响整个党员干部队伍的建设，影响到人民群众对党的执政能力的认可。因此，必须对各级党员领导干部持续强化日常管理监督，提高素质本领，在“严”的主基调中不断增强自我净化、自我完善、自我革新、自我提高能力，从而更好地推进国家治理现代化的历史进程，展现党的长期执政能力。

（四）不断提升党的作风建设能力

作风建设是马克思主义政党能够保持自身先进性、纯洁性的独特优势，也是我们党能够克服诸多困难挑战，保持自身凝聚力、战斗力的关键所在。解决中国的问题关键在党，推动国家治理现代化，根本上也在于坚持党的领导，而这离不开党的优良作风作为保障。一方面，要坚持人民立场，不忘革命初心。我们党自成立之日起，就把为中国人民谋幸福、为中华民族谋复兴确立为自己的初心使命，在长期实践中确立和坚持全心全意为人民服务的根本宗旨和党群众路线，保持了同人民群众的血肉联系，树立起了作风优良的好形象。作为长期执政的马克思主义政党，我们任何时候都不能忽视作风建设，其核心就是要始终保持同人民群众的血肉联系，我们党来自人民、植根人民、服务人民，一旦脱离群众就会失去生命力。因此，新时代加强党的作风建设，就必须始终贯彻群众路线和群众观点，持续创新群众工作体制机制和方式方法，始终与人民群众想在一起、站在一起，不断从人民群众中汲取智慧和力量，切实解决人民群众急难愁盼问题，让全体人民共享改革发展成果。

另一方面，要持续推进反腐败工作 。党的二十大报告指出："腐败是危害党的生命力和战斗力的最大毒瘤，反腐败是最彻底的自我革命。只要存在腐败问题产生的土壤和条件，反腐败斗争就一刻不能停，必须永远吹冲锋号。"① 人民群众最痛恨腐败，腐败问题对党的伤害最直接。腐败是党长期执政的最大威胁，反腐败是一场输不起也决不能输的重大政治斗争，不得罪成百上千的腐败分子，就要得罪十四亿人民，必须把权力关进制度的笼子里，依纪依法设定权力、规范权力、制约权力、监督权力。因此，必须要持之以恒正风肃纪反腐，坚决纠治形式主义、官僚主义，继续整治享乐主义和奢靡之风，着力纠治顽瘴痼疾，聚力解决群众反映强烈、损害群众利益的突出问题，要坚持无禁区、全覆盖、零容忍，坚持重遏制、强高压、长震慑，坚持受贿行贿一起查，坚持有案必查、有腐必惩，坚持不敢腐、不能腐、不想腐一体推进，惩治震慑、制度

① 习近平：《高举中国特色社会主义伟大旗帜　为全面建设社会主义现代化国家而团结奋斗——在中国共产党第二十次全国代表大会上的报告》，人民出版社，2022 年版，第 69 页。

约束、提高觉悟一体发力，以猛药去疴、重典治乱的决心，以刮骨疗毒、壮士断腕的勇气，确保党和人民赋予的权力始终用来为人民谋幸福，通过不懈努力换来河清海晏、朗朗乾坤。

（五）不断提升党的驾驭风险能力

任何高度开放、高度多元、高度流动的复杂社会，同时也是一个“高风险的社会”。美国学者亨廷顿曾指出，“现代性孕育着稳定，而现代化过程却滋生着动乱”①。伴随着改革开放的推进和我国社会发展步伐的加快，实现中华民族伟大复兴已经进入了不可逆转的历史进程！与此同时，我们党也面临着国内国外的各种风险挑战。从外部情况看，压力前所未有，某些国家将我国视为最主要的竞争对手、最全面的威胁，对我国实施政治、经济、贸易、文化、科技等全方位遏制打压，加紧对我国实施西化、分化的政治战略，通过各种方式歪曲我们的历史、攻击我们的政策、放大我们的问题、离间我们的群众、误导我们的青年，企图动摇我党执政的思想政治基础和群众基础，甚至还实质性展开高端战争准备。就内部情况来看，当前我国在一些领域还存在不少亟待改进的地方，比如，制度还没有达到更加成熟、更加定型的要求，对人民群众的诉求还不能很好吸纳，国家治理过程中法治化还不够，人治造成的权力任

① ［美］塞缪尔·P. 亨廷顿：《变化社会中的政治秩序》，生活·读书·新知三联书店，1989年版，第38页。

性还在一定范围内存在，特别是后疫情时期，就业压力增大，产业链外移，因疫利益受损等问题开始显现。更为重要的是，当前各种矛盾风险已经不是孤立的了，而是相互交织并形成一个风险综合体，在特定时空条件下可能会产生剧烈反应。而一个成熟的政党必然要洞察执政过程中面临现实的或是潜在的各种危机，时刻保持强烈的危机意识和应对危机的能力。因此，在新时代国家治理中，面对信息繁杂而且快速流动、社情舆情快速变化，情况瞬息万变，问题层出不穷，我们党就要时刻保持统观全局的大视野和见微知著的高度敏感性，能够通过密切跟踪、及时提炼各种情况动态，敏锐把握事物发展的各种必然因素和偶然因素，不断提高应对和驾驭风险能力，从而有效防止小风险变成大风险、局部风险变成系统风险。

参考文献

一、著作类

[1] 马克思恩格斯全集：第1卷 [M]. 北京：人民出版社，1995.

[2] 马克思恩格斯文集：第1卷 [M]. 北京：人民出版社，2009.

[3] 毛泽东选集：第1卷 [M]. 北京：人民出版社，1991.

[4] 邓小平文选：第3卷 [M]. 北京：人民出版社，1993.

[5] 中共中央关于加强党的执政能力建设的决定 [M]. 北京：人民出版社，2004.

[6] 中共中央关于全面深化改革若干重大问题的决定 [M]. 北京：人民出版社，2013.

[7] 习近平总书记系列重要讲话读本 [M]. 北京：学习出版社、人民出版社，2014.

[8] 习近平总书记系列重要讲话读本（2016年版）[M].

北京：学习出版社、人民出版社，2016.

[9] 习近平谈治国理政 [M]. 北京：外文出版社，2014.

[10] 习近平谈治国理政（第二卷）[M]. 北京：外文出版社，2017.

[11] 习近平谈治国理政（第三卷）[M]. 北京：外文出版社，2020.

[12] 习近平谈治国理政（第四卷）[M]. 北京：外文出版社，2022.

[13] 习近平关于全面深化改革论述摘编 [M]. 北京：中央文献出版社，2014.

[14] 习近平：决胜全面建成小康社会 夺取新时代中国特色社会主义伟大胜利——在中国共产党第十九次全国代表大会上的讲话 [M]. 北京：人民出版社，2017.

[15] 习近平新时代中国特色社会主义思想三十讲 [M]. 北京：学习出版社，2018.

[16] 习近平新时代中国特色社会主义思想学习纲要 [M]. 北京：学习出版社、人民出版社，2019.

[17] 中共中央关于坚持和完善中国特色社会主义制度 推进国家治理体系和治理能力现代化若干重大问题的决定 [M]. 北京：人民出版社，2019.

[18] 中共中央关于制定国民经济和社会发展第十四个五年规划和二〇三五年远景目标的建议 [M]. 北京：人民出版社，2020.

[19] 习近平：高举中国特色社会主义伟大旗帜 为全面建设社会主义现代化国家而团结奋斗——在中国共产党第二十次全国代表大会上的报告［M］. 北京：人民出版社，2022.

[20] 习近平：论坚持人民当家作主［M］. 北京：中央文献出版社，2021.

[21] 习近平：论坚持全面依法治国［M］. 北京：中央文献出版社，2020.

[22] 习近平：论坚持党对一切工作的领导［M］. 北京：中央文献出版社，2019.

[23] 习近平新时代中国特色社会主义思想学习问答［M］. 北京：学习出版社、人民出版社，2021.

[24] 中共中央关于党的百年奋斗重大成就和历史经验的决议［M］. 北京：人民出版社，2021.

[25] 王浦劬：国家治理现代化：理论与策略［M］. 北京：人民出版社，2016.

[26] 辛向阳：中国特色社会主义与国家治理现代化［M］. 杭州：浙江人民出版社，2015.

[27] 俞可平. 中国治理变迁30年［M］. 北京：社会科学文献出版社，2008.

[28] 俞可平. 权利政治与公益政治［M］. 北京：社会科学文献出版社，2000.

[29] 俞可平. 论国家治理现代化［M］. 北京：社会科学文献出版社，2014.

[30] 邓正来. 国家与社会——中国市民社会研究 [M]. 北京：北京大学出版社，2008.

[31] 毛寿龙. 政府治理模式创新研究 [M]. 北京：中国税务出版社，2009.

[32] 黄晓东. 社会资本与政府治理 [M]. 北京：社会科学文献出版社，2011.

[33] 何增科. 中国社会管理体制改革路线图 [M]. 北京：国家行政学院出版社，2009.

[34] 奚洁人. 中国共产党的执政能力与领导科学 [M]. 上海：中国出版集团东方出版中心，2011.

[35] 杨松菊. 中国共产党执政环境研究 [M]. 北京：知识产权出版社，2010.

[36] 徐敏杰. 中国共产党执政能力建设研究 [M]. 沈阳：东北大学出版社，2009.

[37] 王长江. 政党论 [M]. 北京：人民出版社，2009.

[38] 张小劲、于晓虹. 推进国家治理体系和治理能力现代化六讲 [M]. 北京：人民出版社，2014.

[39] 齐卫平. 政党治理与执政能力建设研究 [M]. 上海：上海人民出版社，2014.

[40] 王绍光. 安邦之道：国家转型的目标与途径 [M]. 北京：三联书店，2007.

[41] 王奇生. 党员、党权与党争——1924—1949 年中国国民党的组织形态 [M]. 上海：上海书店，2009.

[42] 李景治、熊光清. 当代中国政治发展与制度创新[M]. 北京：中国人民大学出版社，2009.

[43] 刘振华. 论党的执政能力建设 [M]. 南京：江苏人民出版社，2005.

[44] 中国大百科全书·政治学 [M]. 北京：中国大百科全书出版社，1992.

[45] [古希腊] 亚里士多德. 政治学 [M]. 北京：商务印书馆，1965.

[46] [法] 卢梭. 社会契约论 [M]. 北京：商务印书馆，1984.

[47] [美] 丹尼尔·贝尔. 意识形态的终结 [M]. 南京：江苏人民出版社，2001.

[48] [美] 伯纳德·巴伯. 信任：信任的逻辑和局限[M]. 福州：福建人民出版社，1989.

[49] [美] 马克·E. 沃伦. 民主与信任 [M]. 北京：华夏出版社，2004.

[50] [美] 阿尔蒙德、鲍威尔. 比较政治学：体系、过程和政策 [M]. 上海：上海译文出版社，1987.

[51] [美] 阿尔蒙德、维巴. 公民文化——五国的政治态度和民主 [M]. 杭州：浙江人民出版社，1989.

[52] [美] 霍华德·威亚尔达. 比较政治学导论：概念与过程 [M]. 北京：北京大学出版社，2005.

[53] [美] 罗伯特·帕特南. 使民主运转起来——现代意

大利的公民传统［M］. 南昌：江西人民出版社，2001.

［54］［美］塞缪尔·P. 亨廷顿. 变革社会中的政治秩序［M］. 北京：华夏出版社，1988.

［55］［美］塞缪尔·P. 亨廷顿. 文明的冲突与世界秩序的重建［M］. 北京：新华出版社，1998.

［56］［美］弗朗西斯·福山. 国家构建：21世纪的国家治理与世界秩序［M］. 北京：中国社会科学出版社，2007.

［57］［美］西摩·马丁·李普塞特. 政治人：政治的社会基础［M］. 上海：上海人民出版社，2001.

［58］［美］戴维·伊斯顿. 政治生活的系统分析［M］. 北京：华夏出版社，1989.

［59］［美］威尔特·A. 罗森堡姆. 政治文化［M］. 台湾：桂冠图书有限公司，1984.

［60］［美］菲利普·佩迪特. 共和主义：一种关于自由与这个政府的理论［M］. 南京：江苏人民出版社，2006.

［61］［美］约翰·罗尔斯. 正义论［M］. 北京：中国社会科学出版社，1988.

［62］［英］卡尔·波普尔. 猜想与反驳：科学知识的增长［M］. 上海：上海译文出版社，2005.

［63］［英］哈耶克. 经济、科学与政治［M］. 南京：江苏人民出版社，2000.

［64］［德］马克斯·韦伯. 经济与社会（上）［M］. 北京：商务印书馆，1997.

[65] [德] 尤尔根·哈贝马斯. 交往与社会进化 [M]. 重庆：重庆出版社，1989.

[66] [英] 安东尼·吉登斯. 社会的构成 [M]. 北京：三联书店，1998.

[67] [美] 斯科特. 国家的视角：那些试图改善人类状况的项目是如何失败的 [M]. 北京：社会科学文献出版社，2004.

[68] Pippa Norris. Critical Citizens：Global Support for Democratic Government [M]. Cambridge：Oxford University Press，1999.

[69] Migdal，Joel，Strong Societies and Weak States：State-society Relations and State Capabilities in the Third World [M]. Princeton，N. J.：Princeton University Press，1988.

二、期刊类

[1] 习近平. 切实把思想统一到党的十八届三中全会精神上来 [J]. 求是，2014，(1).

[2] 习近平. 坚持、完善和发展中国特色社会主义国家制度与法律制度 [J]. 求是，2019，(23).

[3] 本刊编辑部. 人类制度文明史上的伟大创造 [J]. 求是，2019，(23).

[4] 习近平. 坚持和完善中国特色社会主义制度 推进国家治理体系和治理能力现代化 [J]. 求是，2020，(1).

[5] 本刊编辑部. 中国制度成就中国之治 [J]. 求是, 2020, (1).

[6] 俞可平. 推进国家治理体系和治理能力现代化 [J]. 前线, 2014, (1).

[7] 莫纪宏. 国家治理体系和治理能力现代化与法治化 [J]. 法学杂志, 2014, (4).

[8] 何增科. 理解国家治理及其现代化 [J]. 马克思主义与现实, 2014, (1).

[9] 王浦劬. 全面准确深入把握全面深化改革的总目标 [J]. 中国高校社会科学, 2014, (1).

[10] 丁志刚. 如何理解国家治理与国家治理体系 [J]. 学术界, 2014, (2).

[11] 许耀桐、刘祺. 当代中国国家治理体系分析 [J]. 理论探索, 2014, (1).

[12] 郑言、李猛. 推进国家治理体系与国家治理能力现代化 [J]. 吉林大学社会科学学报, 2014, (2).

[13] 李抒望. 正确认识和把握国家治理现代化 [J]. 学习论坛, 2014, (2).

[14] 薛澜. 顶层设计与泥泞前行: 中国国家治理现代化之路 [J]. 公共管理学报, 2014, (4).

[15] 田芝健. 国家治理体系和治理能力现代化的价值及其实现 [J]. 毛泽东邓小平理论研究, 2014, (1).

[16] 方涛. 国家治理体系和治理能力现代化的五维审视

[J]. 求实, 2014, (9).

[17] 张长东. 国家治理能力现代化研究——基于国家能力理论视角 [J]. 法学评论, 2014, (3).

[18] 魏晓文. 论国家治理体系现代化与治理能力现代化的相互促进 [J]. 政治学研究, 2014, (2).

[19] 包心鉴. 国家治理现代化与中国特色社会主义新发展 [J]. 中共福建省委党校学报, 2015, (2).

[20] 杨光斌. "国家治理体系和治理能力现代化" 的世界政治意义 [J]. 政治学研究, 2014, (2).

[21] 许耀桐. 国家治理现代化的若干认识 [J]. 民主与科学, 2014, (2).

[22] 李汉卿. 国家治理现代化: 中国共产党执政的逻辑转变与战略选择 [J]. 理论月刊, 2016, (1).

[23] 江必新. 国家治理现代化基本问题研究 [J]. 中南大学学报 (社会科学版), 2014, (3).

[24] 张凤阳. 科学认识国家治理现代化问题的几点方法论思考 [J]. 政治学研究, 2014, (2).

[25] 金太军. 国家治理视域下的社会组织发展: 一个分析框架 [J]. 学海, 2016, (1).

[26] 高小平. 国家治理体系与治理能力现代化的实现路径 [J]. 中国行政管理, 2014, (1).

[27] 包心鉴. 以制度现代化推进国家治理现代化 [J]. 中共福建省委党校学报, 2014, (1).

[28] 燕继荣. 国家建设与国家治理 [J]. 北京行政学院学报, 2015, (1).

[29] 燕继荣. 推进国家治理现代化须落实分权原则 [J]. 中国党政干部论坛, 2015, (3).

[30] 张贤明. 以完善和发展制度推进国家治理体系和治理能力现代化 [J]. 政治学研究, 2014, (2).

[31] 赵宇峰、林尚立. 国家制度与国家治理: 中国的逻辑 [J]. 中国行政管理, 2015, (5).

[32] 莫纪宏. 论“国家治理体系和治理能力现代化”的“法治精神” [J]. 新疆师范大学学报 (哲学社会科学版), 2014, (3).

[33] 常保国. 法治建设与国家治理体系和治理能力现代化 [J]. 政治学研究, 2014, (2).

[34] 辛向阳. 推进国家治理体系和治理能力现代化的三大路径 [J]. 江西社会科学, 2014, (2).

[35] 刘朋. 国家治理现代化视域下的中国政党政治走向 [J]. 广东行政学院学报, 2016, (1).

[36] 李锡炎. 党的独特优势与国家治理体系和治理能力现代化 [J]. 长白学刊, 2014, (4).

[37] 胡鞍钢. 中国国家治理现代化的特征与方向 [J]. 国家行政学院学报, 2014, (03).

[38] 魏星河. 我国公民有序政治参与的涵义、特点及价值 [J]. 政治学研究, 2007, (02).

[39] 于建嵘. 诱发群体性事件的最大陷阱 [J]. 人民论坛, 2012, (19).

[40] 杨静光、马莉. 国家治理体系和治理能力现代化的制度效率 [J]. 理论与改革, 2015, (05).

[41] 陈永峰. 德治、法治与善治: 网络政治参与治理路径选择 [J]. 学习与探索, 2017, (09).

[42] 王学俭、王锐. 论国家治理现代化视野下党的建设制度改革 [J]. 中国特色社会主义研究, 2015, (02).

[43] 丁煌. 提高政策执行效率的关键在于完善监督机制 [J]. 云南行政学院学报, 2002, (05).

[44] 赵绪生. 试论党的制度执行力 [J]. 中共珠海市委党校珠海市行政学院学报, 2010, (03).

[45] 巩丽娟. 追寻公正的国家治理现代化 [J]. 理论探索, 2016, (01).

[46] 许耀桐、刘祺. 当代中国国家治理体系分析 [J]. 理论探索, 2014, (01).

[47] 方涛. 国家治理体系和治理能力现代化: 内涵、依据、路径——基于相关文献的综述 [J]. 观察与思考, 2015, (01).

[48] 王晓林. 国家治理能力建设中的思维方式 [J]. 理论视野, 2015, (04).

[49] 李放. 现代国家制度建设: 中国国家治理能力现代化的战略选择 [J]. 新疆师范大学学报 (哲学社会科学版),

2014，(04).

[50] 韩冬雪. 衡量国家治理绩效的根本标准 [J]. 人民论坛，2014，(10).

[51] 高传胜. 论包容性发展的中国要义 [J]. 上海行政学院学报，2011，(05).

三、报纸类

[1] 完善和发展中国特色社会主义制度 推进国家治理体系和治理能力现代化 [N]. 人民日报，2014-02-18.

[2] 中共中央关于全面深化改革若干重大问题的决定 [N]. 人民日报，2013-11-16 (001).

[3] 中共中央关于全面推进依法治国若干重大问题的决定 [N]. 人民日报，2014-10-29 (001).

[4] 白天亮. 以收入分配增进社会活力 [N]. 人民日报，2017-06-20 (005).

[5] 俞可平. 论维护和实现公平正义 [N]. 北京日报，2007-05-28 (018).

[6] 俞可平. 衡量国家治理体系现代化的基本标准 [N]. 南京日报，2013-12-10.

[7] 韩振峰. 怎样理解国家治理体系和治理能力现代化 [N]. 人民日报，2013-12-16.

四、论文集

[1]［美］弗兰西斯·福山．公民社会与发展［A］．曹荣湘．走出囚徒困境：社会资本与制度分析（视点丛刊）［C］．上海：三联书店，2003.

[2] Russell Hardin. Trust in Government [A]. In Valerie Braithwaite, Margaret Levi (eds.). Trust and Governance [C]. New York: Russell Sage Foundation, 1998.

[3] John Barithwaite. Institutionalizing Distrust, Enculturating Trust [A]. In Valerie Braithwaite, Margaret Levi (eds.). Trust and Governance [C]. New York: Russell Sage Foundation, 1998.